AF532883

Batman & Catwoman

Das Hochzeitsalbum

BATMAN geschaffen von BOB KANE mit BILL FINGER.

TOM KING
Autor

BRAUT ODER DIEBIN
(US-BATMAN 44)

MIKEL JANÍN
JOËLLE JONES
Künstler

JORDIE BELLAIRE
JUNE CHUNG
Farben

DIE HOCHZEIT VON BATMAN & CATWOMAN
(US- BATMAN 50)

JOSÉ LUIS GARCÍA-LÓPEZ & TRISH MULVIHILL
BECKY CLOONAN
JASON FABOK & BRAD ANDERSON
FRANK MILLER & ALEX SINCLAIR
LEE BERMEJO
NEAL ADAMS & HI-FI
TONY S. DANIEL & TOMEU MOREY
AMANDA CONNER & PAUL MOUNTS
RAFAEL ALBUQUERQUE
ANDY KUBERT & ALEX SINCLAIR
TIM SALE & JOSÉ VILLARRUBIA
PAUL POPE & JOSÉ VILLARRUBIA
MITCH GERADS
CLAY MANN & JORDIE BELLAIRE
TY TEMPLETON & KEIREN SMITH
JOËLLE JONES & JORDIE BELLAIRE
DAVID FINCH & JORDIE BELLAIRE
JIM LEE, SCOTT WILLIAMS & ALEX SINCLAIR
GREG CAPULLO & FCO PLASCENCIA
LEE WEEKS
Künstler

EINES TAGES
(US-BATMAN ANNUAL 2)

MICHAEL LARK
LEE WEEKS
Künstler

ELIZABETH BREITWEISER
JUNE CHUNG
Farben

MIKEL JANÍN
LEE WEEKS
Original-Cover

BRITTANY HOLZHERR
MAGGIE HOWELL
PAT McCALLUM
JAMIE S. RICH
Redaktion USA

RALPH KRUHM
Übersetzung

WALPROJECT
Lettering

Der lange Weg zum Altar...

Bruce Wayne verlor seine Eltern bei einem Raubmord, woraufhin der junge Waise und Erbe des Wayne-Vermögens von seinem Butler und väterlichen Freund **Alfred Pennyworth** großgezogen wurde. Später lernte und trainierte Bruce jahrelang bei Meistern auf der ganzen Welt, um der beste Detektiv und größte Verbrechensbekämpfer von allen zu werden. Als **Batman** wurde er schließlich **Gotham Citys** grimmiger Beschützer und **Mitternachtsdetektiv**, der seinem Kreuzzug gegen das Verbrechen alles andere unterordnet und opfert. Sein Leben als schwerreicher Milliardär und vermeintlicher Playboy dient dabei oft genug nur als Fassade, damit der kostümierte Rächer seiner Obsession aus der **Bat-Höhle** unter dem feudalen Anwesen **Wayne Manor** heraus nachgehen kann.

Dennoch schaffte es **Catwoman** alias **Selina Kyle**, das Herz des Fledermausritters zu erobern. Schon immer herrschte zwischen Batman und der schönen Catwoman, die sich über die Jahre von einer kriminellen Einbrecherin und Meisterdiebin zur Antiheldin entwickelte, eine gewaltige Anziehungskraft. Selbst wenn sie unübersehbar auf unterschiedlichen Seiten des Gesetzes agierten und einander im Mondschein über die Dächer der mit Wasserspeiern verzierten Gebäude Gothams jagten, war da immer mehr, knisterte es immer mächtig. Hin und wieder gaben sie ihrer Leidenschaft sogar nach, doch viel häufiger waren sie verhinderte Liebende oder bestenfalls zeitweilige Verbündete, manchmal auch Kontrahenten und Feinde. Es war, wie man so schön sagt, kompliziert.

Doch nicht lange, nachdem die BATMAN-Serie unter Federführung von Autor **Tom King** mit einer frischen Nummer 1 neu gestartet wurde, machte **Bat** seiner **Cat** einen Heiratsantrag. Die beiden wollen sich also wirklich trauen, im wahrsten Sinne des Wortes! Dieser **exklusiv zusammengestellte Deluxe-Sammelband** präsentiert nun die große Hochzeitsausgabe der BATMAN-Serie im Überformat. Aus gutem Grund: Anlässlich des Finales der Hochzeitsstoryline kamen einige der **größten Batman-Zeichner aller Zeiten** zusammen, um ihren Beitrag zu dieser wichtigen Geschichte über die Liebe von Batman und Catwoman zu leisten, darunter Ikonen wie **Frank Miller**, **Neal Adams**, **Tim Sale** und **Jim Lee**.

Darüber hinaus werfen wir in diesem außergewöhnlichen Band noch einen emotionsgeladenen Blick in die **Zukunft**. Los geht es aber mit einer weiteren ganz besonderen, immens referenzreichen Story, die mehrere einschneidende Momente aus der geradezu **historischen Beziehung** von Bruce und Selina in den Fokus rückt. Dass es dabei durch **alle Epochen** ihrer gemeinsamen bunten Comic-Vergangenheit geht, wird in den Rückblenden u. a. an Catwomans unterschiedlichen Outfits deutlich, wohingegen Selina in der Gegenwart ein passendes Hochzeitskleid sucht, das sie ihrer Natur nach wohl nicht *kaufen* will…

Viel Vergnügen mit diesem Höhepunkt der langen, kurvenreichen Liebesgeschichte von Batman und Catwoman…

Christian Endres

Hermann Paul
Geschäftsführer

Marco M. Lupoi
Publishing Director Europe

Felix Bauer
Finanzen

Holger Wiest
Marketing Director

Thorsten Kleinheinz
Marketing

Alexander Bubenheimer
Vertrieb

Ronald Schäffer
Logistik

Steffen Volkmer
PR/Presse

Lisa Pancaldi
Publishing Manager

Tommaso Caretti
Christian Endres
Christian Grass
Aline Reinelt
Peter Thannisch
Monika Trost
Daniela Uhlmann
Redaktion

Ralph Kruhm
Übersetzung

Monja Reichert
Proofreading

Walproject
Lettering

Rudy Remitti
Nicola Spano
grafische Gestaltung

Mario Corticelli
Art Director

Annalisa Califano
Beatrice Doti
Redaktion Panini Comics

Francesca Aiello
Andrea Bisi
Prepress

Alessandro Nalli
(coordinator)
Mario Da Rin Zanco
Valentina Esposito
Luca Ficarelli
Linda Leporati
Repro/Packager

BATMAN & CATWOMAN: DAS HOCHZEITSALBUM erscheint bei **PANINI COMICS**, Rotebühlstr. 87, D-70178 Stuttgart. Druck: Lito Terrazzi Industria Grafica. Pressevertrieb: Stella Distribution GmbH, D-20097 Hamburg. Direkt-Abos auf **www.paninicomics.de**. Anzeigenverkauf: BLAUFEUER VERLAGSVERTRETUNGEN GmbH, info@blaufeuer.com. Es gilt die Anzeigenpreisliste Nr. 16 vom 01.10.2018.
 Cover von **Mikel Janín**, *Batman* 50.

Bibliografische Information der Deutschen Nationalbibliothek
Die Deutsche Nationalbibliothek verzeichnet diese Publikation in der Deutschen Nationalbibliografie; detaillierte bibliografische Daten sind im Internet über http://dnb.d-nb.de abrufbar.

JANIN 2018

3:22 UHR

NA?
WO LIEGT DAS PRO-BLEM?

NOCH NIE EIN HÜBSCHES **MÄDCHEN** GE-SEHEN?

NUN, **CAT**...
WIE'S AUSSIEHT, **HABEN** WIR DICH END-LICH.
JETZT SCHAUEN WIR UNS MAL DEN VERBAND AN.

DU **HAST** MICH, JA.
UND WAS WILLST DU JETZT...
... MIT MIR **MACHEN**?

NUR ZU...

3:54 UHR
3:55 UHR
3:56 UHR
3:57 UHR
3:58 UHR
BOOM

DIE HAUSWAND STÜRZT EIN... SIE WIRD IHN TÖTEN.
DANN KANN ICH FLIEHEN UND...
... BIN FREI.

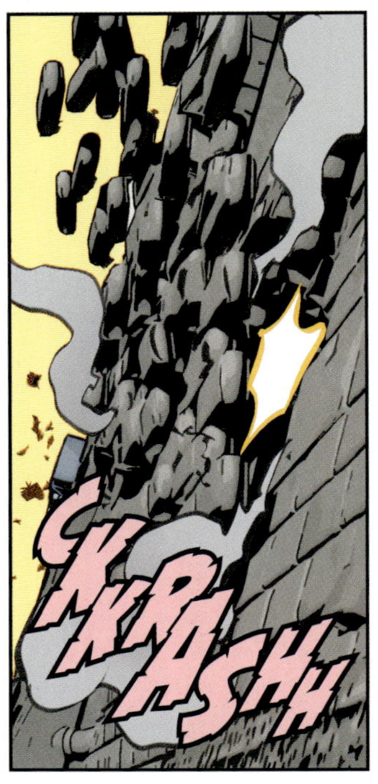
CKKRASHH

PASS AUF!

BA--

NHH!

ICH HAB'S GESEHEN, BATMAN.
SIE HAT IHR *LEBEN* RISKIERT.
ICH... ICH *VERSTEH* DAS NICHT.

MANCHMAL HANDELT SIE, ALS WÄRE SIE...
... EIN ANDERER MENSCH.

3:58 UHR
BOOM
4:00 UHR
4:02 UHR
4:09 UHR

DANKE, BATMAN...
... DASS DU MICH BESCHÜTZT HAST.

ALL DEINE SIEGE ÜBER CATWOMAN... BIST DU...
... DESHALB HIER?
UM ZU PRAHLEN?

SELINA...
ICH BIN HIER, UM DIR ZU SAGEN, DASS ICH NICHTS MIT DEN ZEITUNGSARTIKELN ZU TUN HATTE.
ICH HÄTTE SIE NIEMALS ZUGELASSEN.

WEIL...
... ICH WEISS, DASS DU DEINE ZEIT ALS CATWOMAN HINTER DIR LASSEN WILLST.

ACH JA?

ES HEISST DOCH...
... DIE KATZE LÄSST DAS MAUSEN NICHT, ODER?

OB DAS AUCH FÜR KATZENMENSCHEN GILT?

SAG SO ETWAS NICHT.
WENN DU DEINEM FRÜHEREN LEBEN ALS CATWOMAN NICHT ENTSAGST...

... SEHE ICH KEINE ZUKUNFT...
... FÜR...
... DICH.

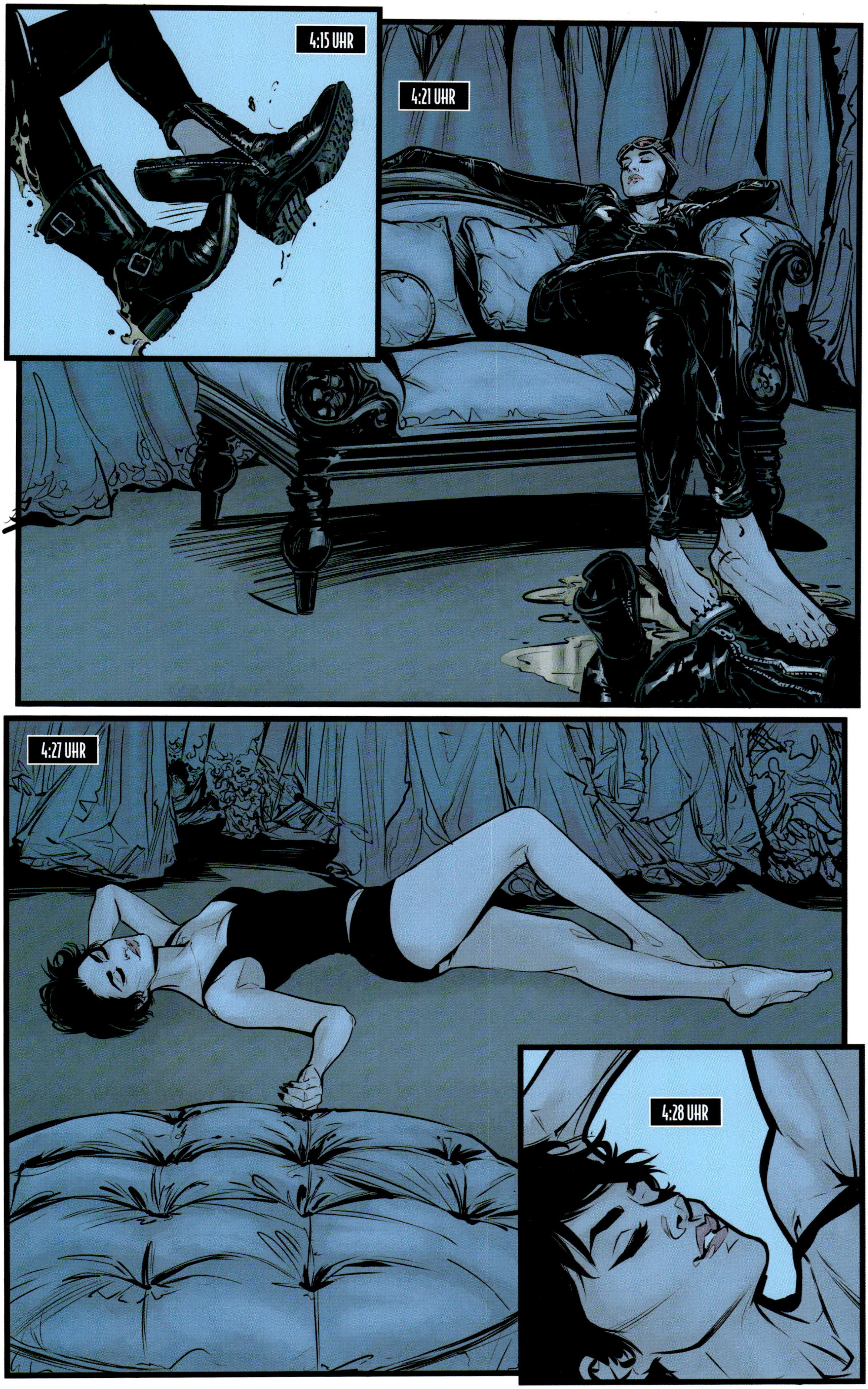

4:15 UHR

4:21 UHR

4:27 UHR

4:28 UHR

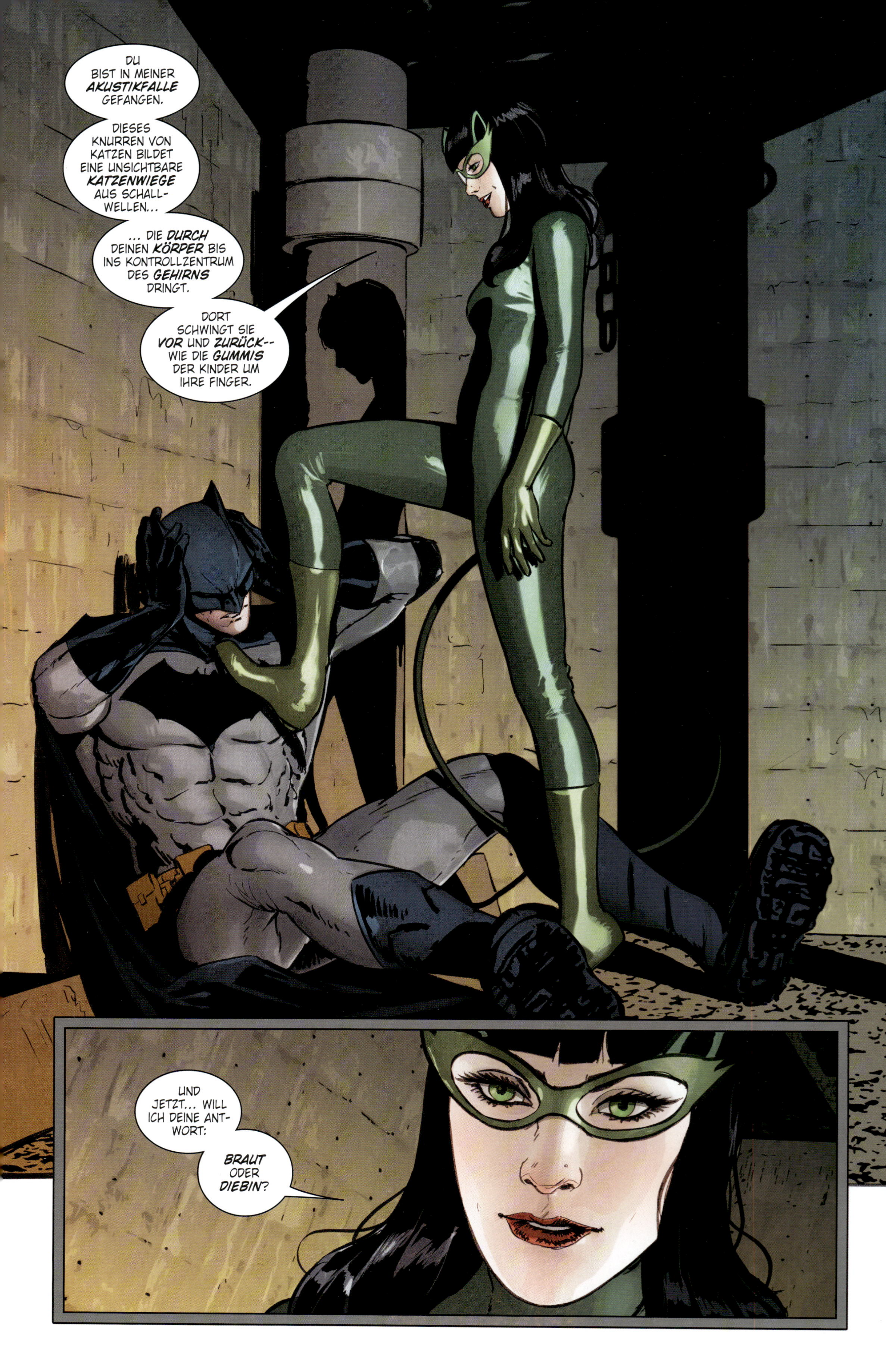
DU BIST IN MEINER AKUSTIKFALLE GEFANGEN.
DIESES KNURREN VON KATZEN BILDET EINE UNSICHTBARE KATZENWIEGE AUS SCHALL-WELLEN...
... DIE DURCH DEINEN KÖRPER BIS INS KONTROLLZENTRUM DES GEHIRNS DRINGT.
DORT SCHWINGT SIE VOR UND ZURÜCK-- WIE DIE GUMMIS DER KINDER UM IHRE FINGER.
UND JETZT... WILL ICH DEINE ANT-WORT:
BRAUT ODER DIEBIN?

4:33 UHR
4:42 UHR
4:46 UHR
4:46 UHR
4:47 UHR

OKAY.
DANN SEI EBEN STUR.
SO WIE IMMER.
SO BIN ICH EBEN, BATMAN.
ES LIEGT IN DER NATUR DER KATZE.
STOLZ.
UNABHÄNGIG.

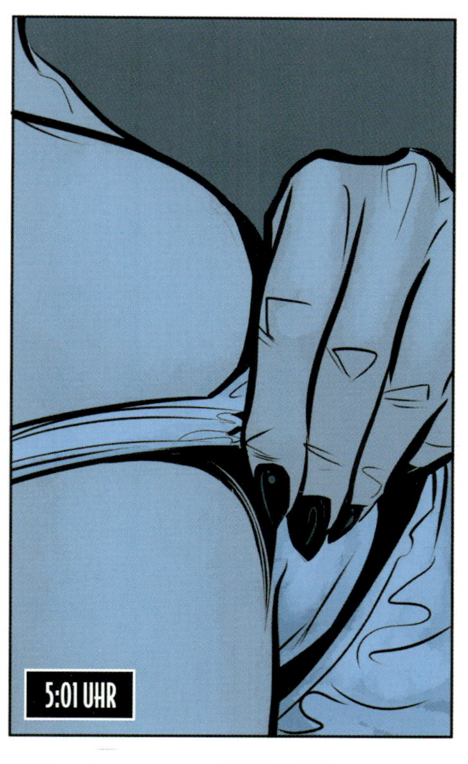
5:01 UHR

5:02 UHR
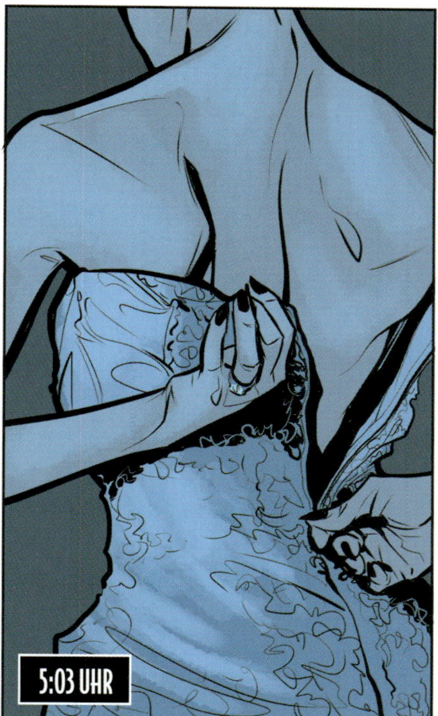
5:03 UHR

5:15 UHR
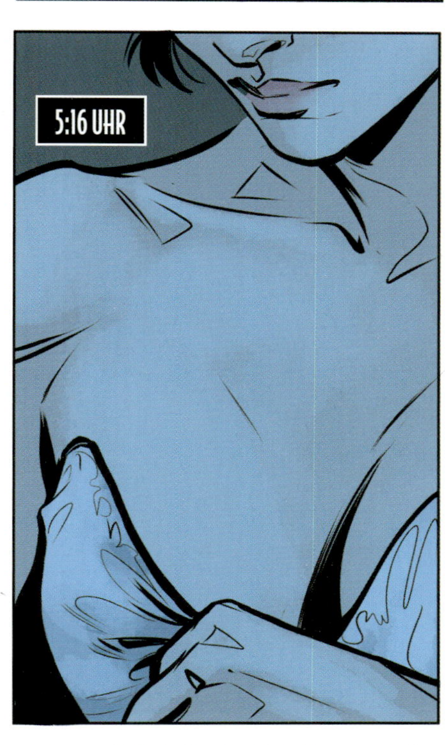
5:16 UHR

5:17 UHR
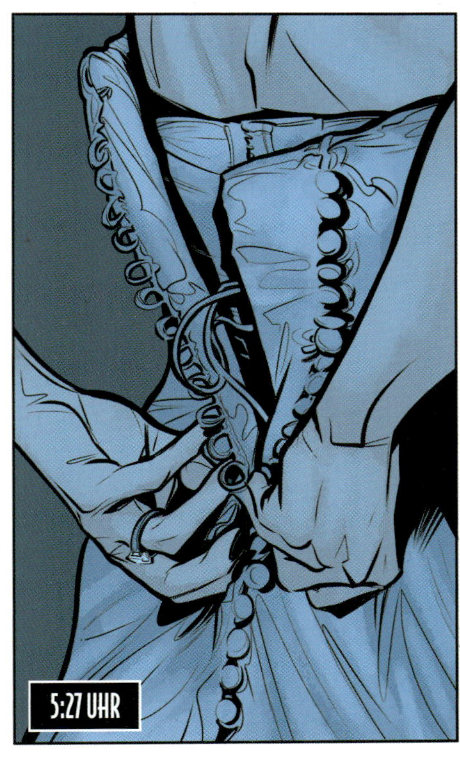
5:27 UHR

5:28 UHR

5:29 UHR

SEIT ZWEI TAGEN...
... VERSTECK ICH MICH HIER!
SNNKKK
HIN- UND HERGERISSEN...
... ZWISCHEN LIEBE UND HASS.
PKOWW
ICH HAB MICH NICHT RAUSGETRAUT.
MEIN LEBEN LIEGT DEINETWEGEN IN SCHERBEN!
KPOWW
ICH HAB ALLES VERLOREN!
DEINETWEGEN!
POWW
AAAHHH!

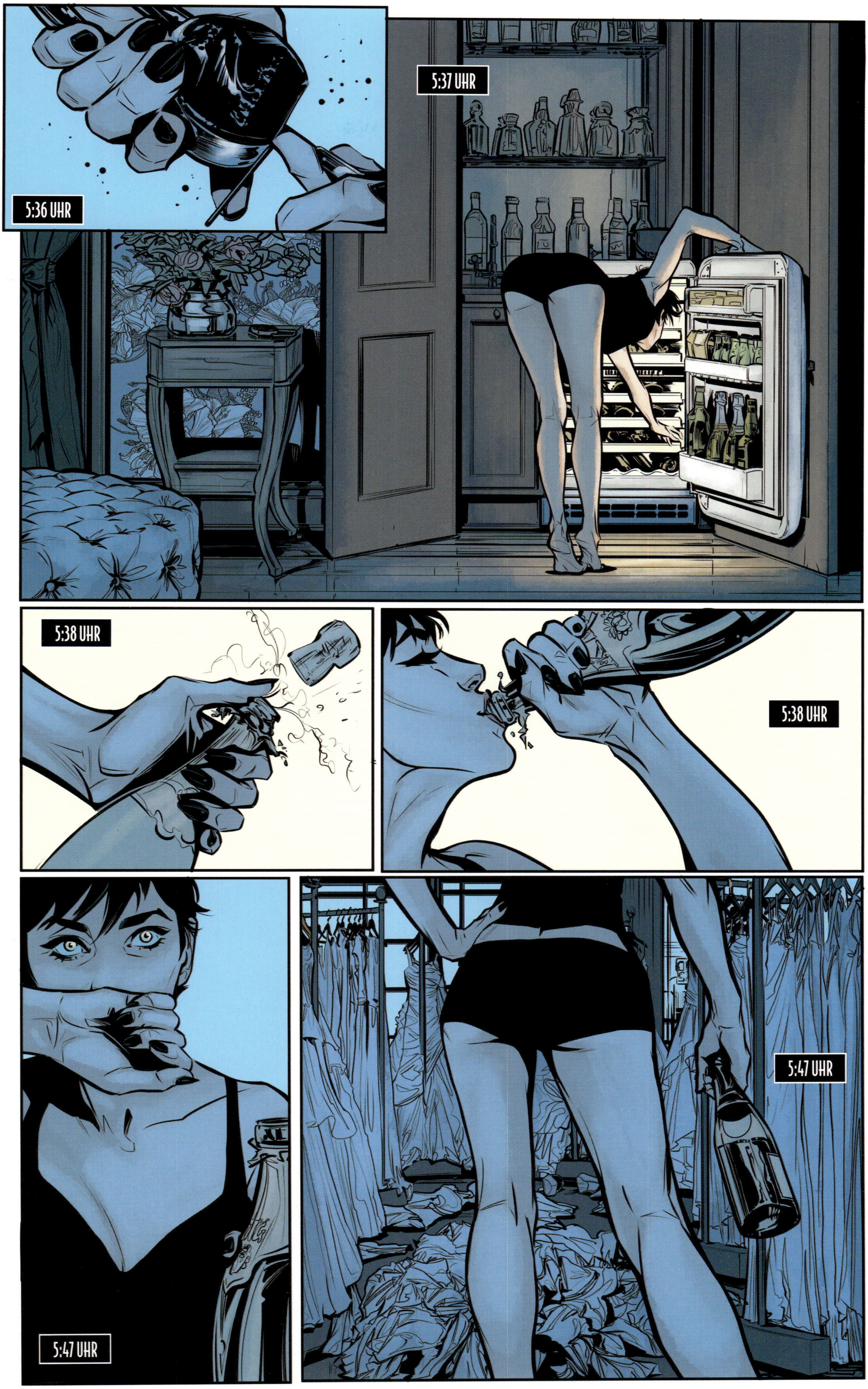

5:36 UHR

5:37 UHR

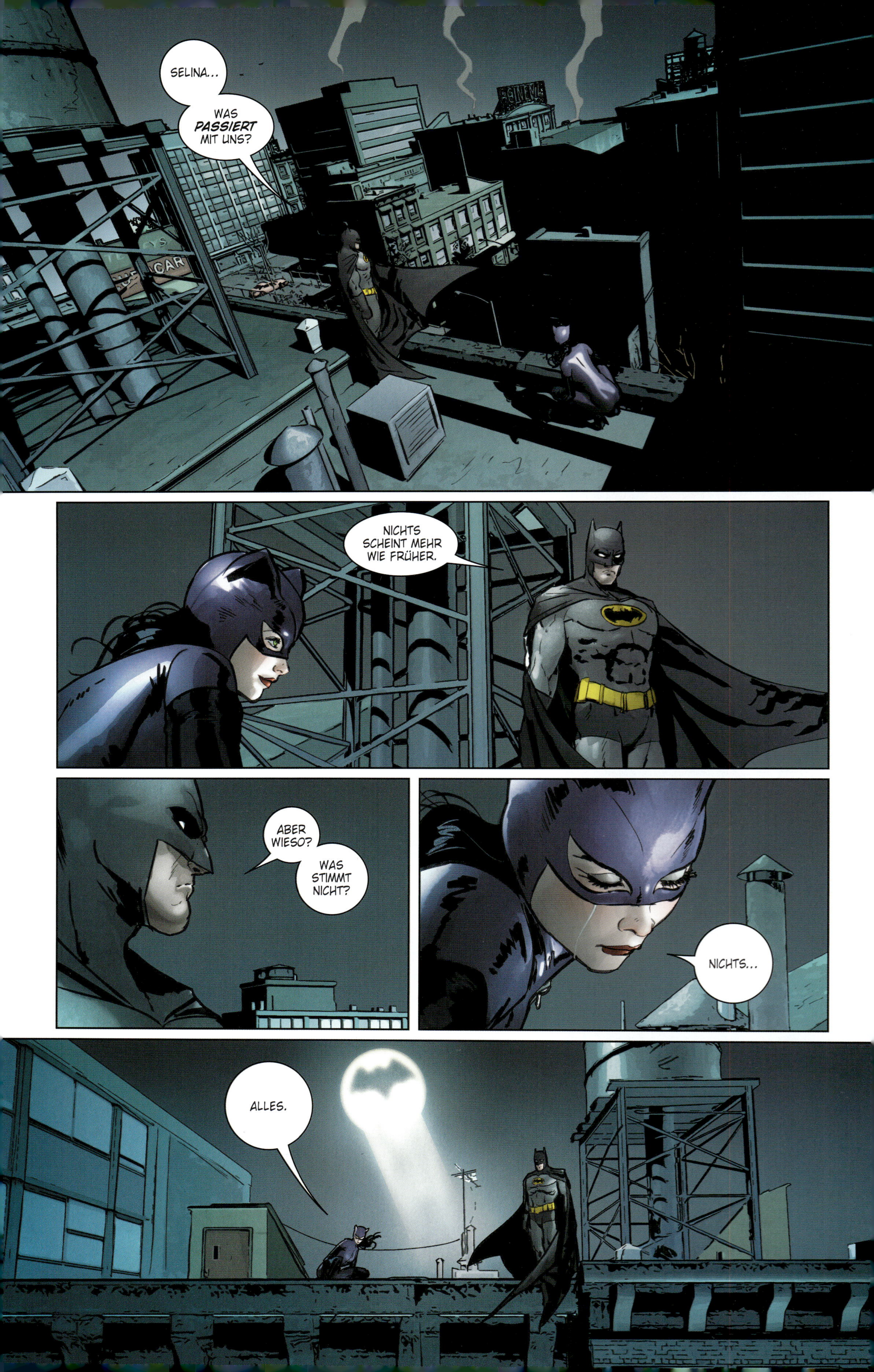

SELINA...
WAS *PASSIERT* MIT UNS?

6:12 UHR

6:26 UHR

6:26 UHR

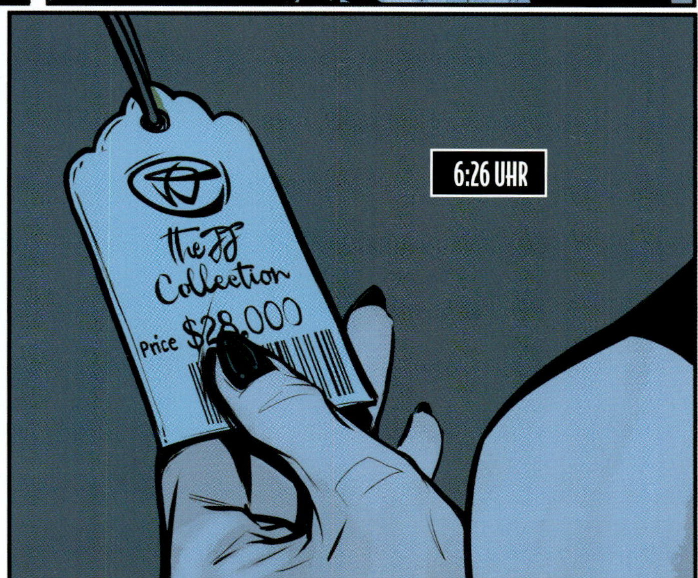
The JJ Collection
Price $28,000
6:26 UHR

6:26 UHR

6:28 UHR

GEHEN WIR.
NOCH NICHT.

WO-FÜR--?
UM WUNDEN ZU HEILEN.

NUN KÖNNEN WIR.

6:37 UHR

IRGENDWAS IST ANDERS.
NEIN, WIR HABEN UNS VERÄNDERT.
UNSERE OUTFITS.
MIT DEN JAHREN.
DAS LIEGT AN DEN OUTFITS.
WENN ES NICHT DIE OUTFITS SIND, IST ES NICHTS.
ES SIND NICHT DIE OUTFITS.
IST DOCH KLAR, DU...
... GROSSER DETEKTIV.
WENN DU JETZT "EIN OUTFIT" SAGST...

WAS, WENN WIR UNS WEITER VERÄNDERN UND DAS MIT UNS SCHIEFGEHT?
ACH, BATS, ES SIEHT NUR SO AUS, ALS OB SICH WAS ÄNDERT, WEIL WIR STÄNDIG DANACH SUCHEN.
ABER WENN WIR STÄNDIG NUR SUCHEN, ÄNDERN WIR UNS GAR NICHT.
...
SCHÖN. ABER WENN DAS STIMMT...
... WAS SUCHEN WIR DANN?
CINEMA
JA, EIN OUTFIT. EIN KOSTÜM ODER...
... IRGENDWAS. ETWAS, DAS IRGENDWIE PASST...
UND ZWAR PERRRRRFEKT.
HM.

7:34 UHR

7:38 UHR

7:38 UHR

7:38 UHR
DC COMICS UND PANINI
PRÄSENTIEREN

7:40 UHR
Braut
oder Diebin

7:40 UHR
TOM KING STORY
MIKEL JANÍN & JOËLLE JONES ZEICHNUNGEN
JUNE CHUNG & JORDIE BELLAIRE FARBEN

7:41 UHR
RALPH KRUHM ÜBERSETZUNG
WALPROJECT LETTERING
JAMIE S. RICH & BRITTANY HOLZHERR REDAKTION USA
BATMAN GESCHAFFEN VON BOB KANE MIT BILL FINGER.

7:46 UHR

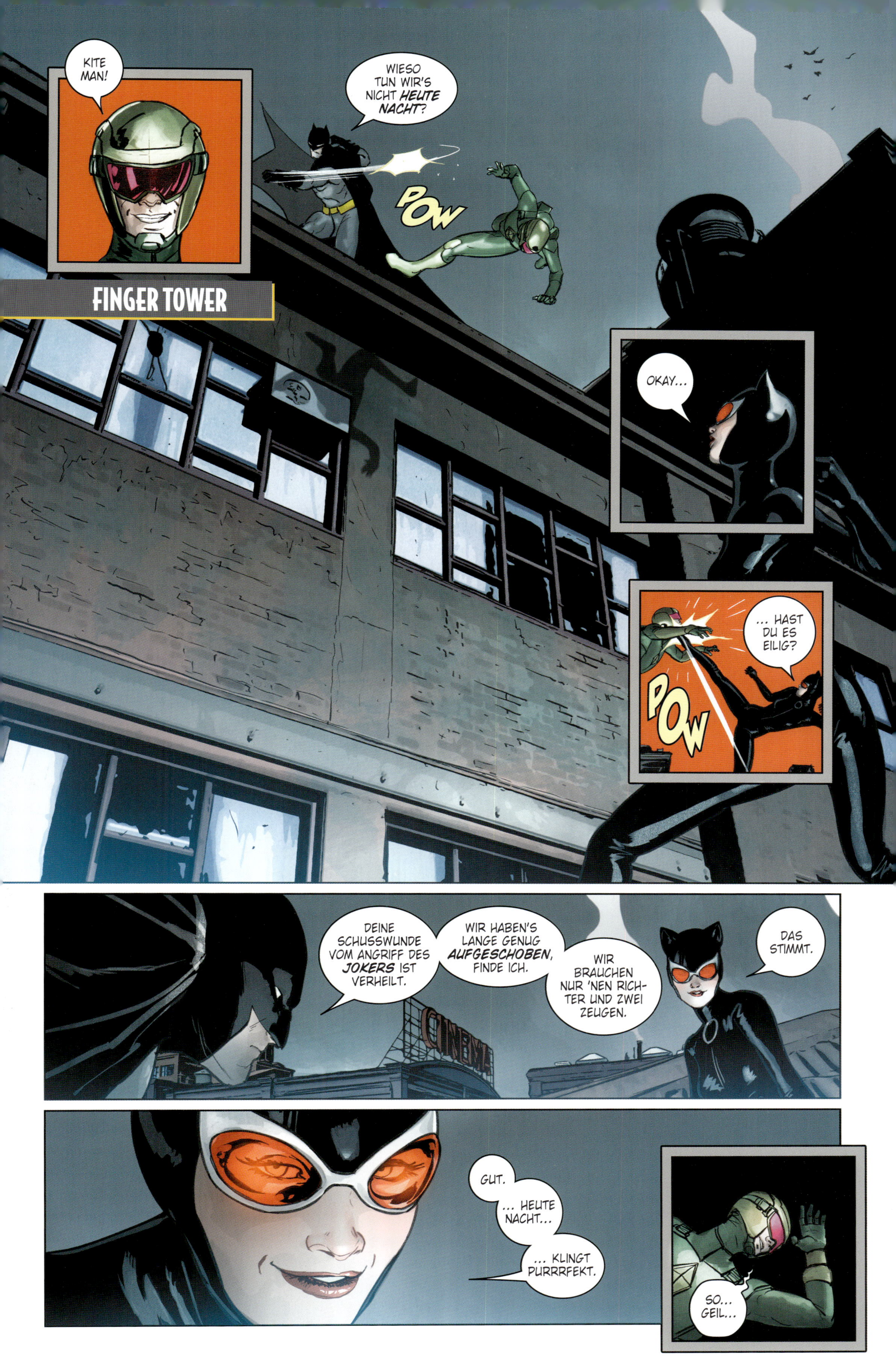

KITE MAN!

WIESO TUN WIR'S NICHT *HEUTE NACHT*?

POW

FINGER TOWER

OKAY…

… HAST DU ES EILIG?

POW

Cat.
García-López • Mulvihill

Bats.
Cloonan

PORKY'S
NOCH EINEN, EU-EU-EU--
EUER EHREN?
LANGER TAG, LANGER ABEND.
WIESO NICHT?

HA, SIE WISSEN JA, WIE ES HEISST.
G-G-G-GOTHAM IST--

B-BATMAN?
NEIN, ES HEISST: "GOTHAM IST...

"... EIN RÄTSEL."
RICHTER WOLFMAN...

ARKHAM ASYLUM
ICH HAB ETWAS GELD SPRINGEN LASSEN.
SIE BRINGEN DICH IN DEN 3-7ER BLOCK.
UND AUF DEM WEG... MIAU.

WIR KRIEGEN SICHER ÄRGER.
DEIN FREUND WIRD SICHER WÜTEND.
WIR KRIEGEN *IMMER* ÄRGER.
DER IST *IMMER* WÜTEND.

HOLLY ROBINSON.
DAS BIN *ICH*.

ICH HAB BEFEHL, SIE ZU VER-LEGEN.
BITTE TRETEN SIE ZURÜCK.
KEIN PROBLEM, OFFICER.
UND DANKE SEHR.
ETWAS BEWEGUNG TUT MIR GUT.

Beim ersten Treffen...
... nanntest Du Dich nur Cat.
Damals... auf dem Boot... hast Du Schmuck gestohlen.
Du warst gut.
Du hattest alles durchdacht.
Aber da war ein Zögern... eine Art Mitgefühl für das Opfer.
Es hielt Dich auf.
Deswegen hab ich Dich erwischt.
Deinen Plan durchkreuzt.
Und eine weitere feige Kriminelle gefasst.
Ein weiterer normaler Tag als Batman.
Dann sah ich in Deine Augen.
Fabok • Anderson

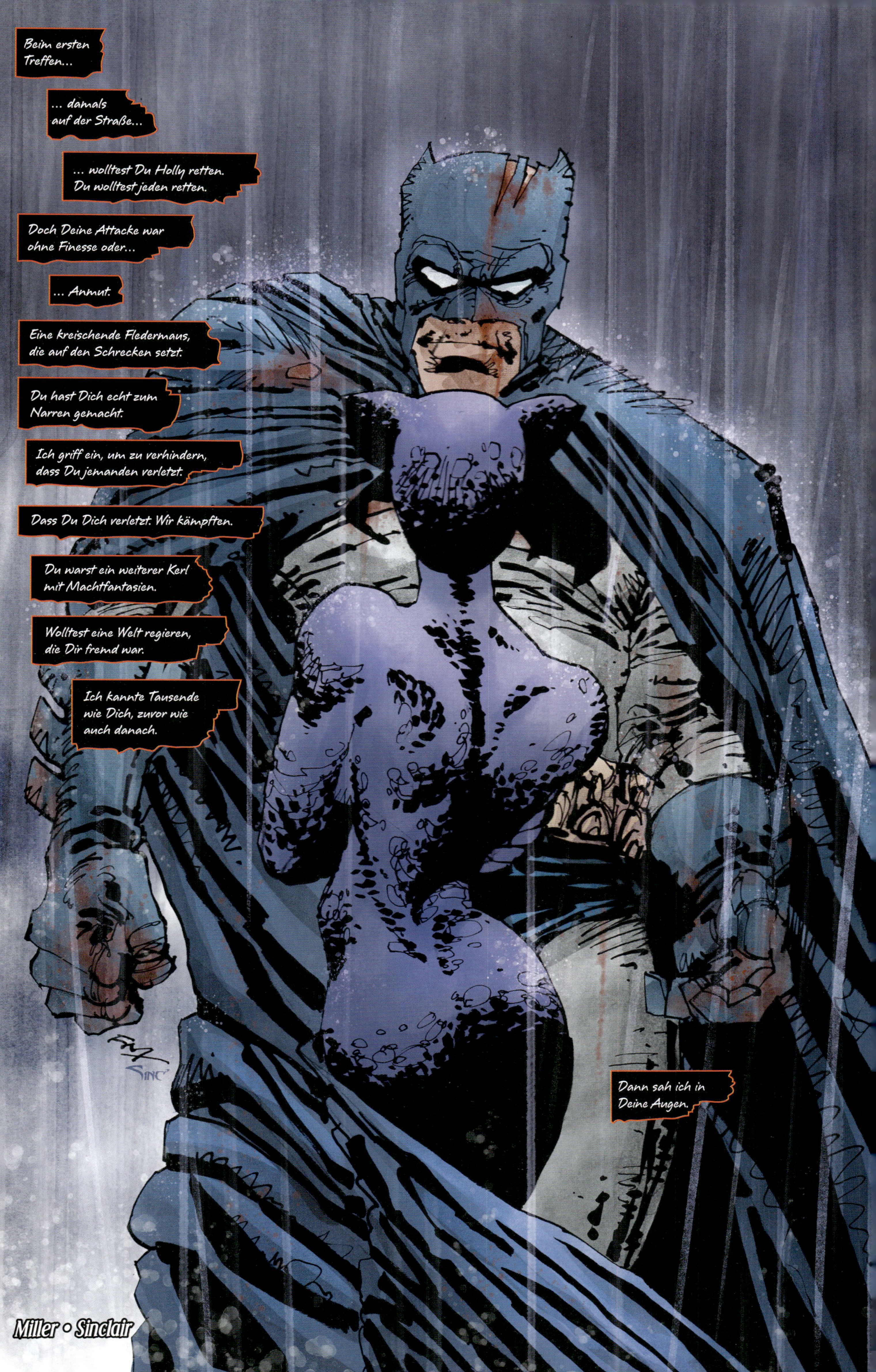
Beim ersten Treffen…
… damals auf der Straße…
… wolltest Du Holly retten. Du wolltest jeden retten.
Doch Deine Attacke war ohne Finesse oder…
… Anmut.
Eine kreischende Fledermaus, die auf den Schrecken setzt.
Du hast Dich echt zum Narren gemacht.
Ich griff ein, um zu verhindern, dass Du jemanden verletzt.
Dass Du Dich verletzt. Wir kämpften.
Du warst ein weiterer Kerl mit Machtfantasien.
Wolltest eine Welt regieren, die Dir fremd war.
Ich kannte Tausende wie Dich, zuvor wie auch danach.
Dann sah ich in Deine Augen.
Miller • Sinclair

NAHE ROBINSON BLVD.
DIESMAL GEWINNST DU NICHT. MEIN BRUDER…
IHR ANZUG IST GEBÜGELT UND BEREIT, SIR.
DANKE SEHR, ALFRED.
… IST SO STARK, ER WIRD…
POOWW
ICH BIN BALD ZU HAUSE.
… UND SCHLAGEN UND SCHLAGEN, BIS…

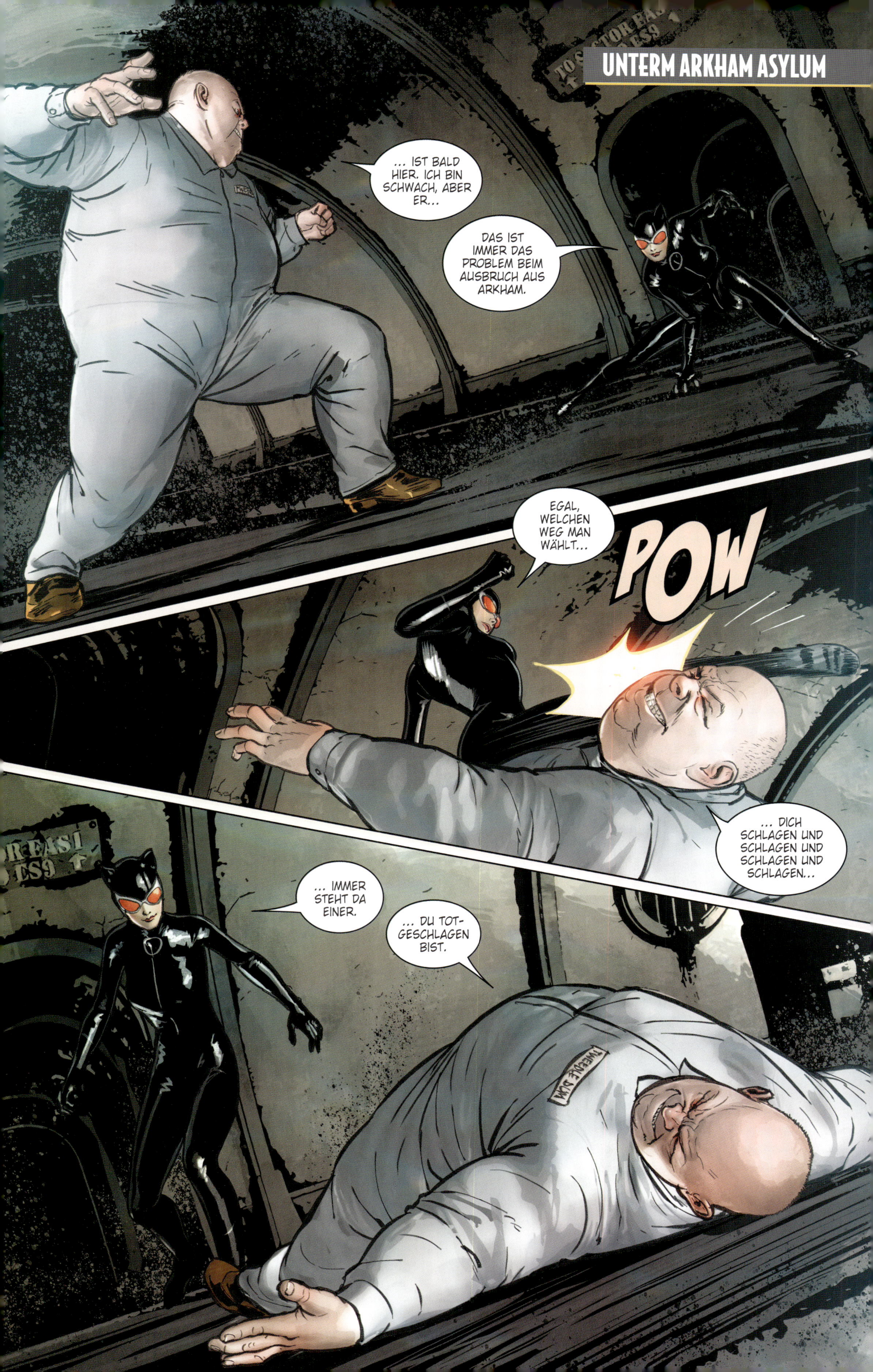
UNTERM ARKHAM ASYLUM
... IST BALD HIER. ICH BIN SCHWACH, ABER ER...
DAS IST IMMER DAS PROBLEM BEIM AUSBRUCH AUS ARKHAM.
EGAL, WELCHEN WEG MAN WÄHLT...
POW
... DICH SCHLAGEN UND SCHLAGEN UND SCHLAGEN UND SCHLAGEN...
... IMMER STEHT DA EINER.
... DU TOT-GESCHLAGEN BIST.

Ich hab gelernt, Details zu deuten wie ein Detektiv.
Jemand betritt den Raum.
Ich sehe den Staub unter dem Fingernagel, den schwarzen Fleck am Bein, den Kratzer über dem Auge.
Und ich deute.
Staub: eiliges Graben und Saubermachen. Fleck: Teer aus den Gothamer Gruben. Kratzer: von einem Frauennagel im Kampf.
Ich erkenne den Mörder sofort.
Auch Dich hatte ich schnell analysiert.
Wo Du herkamst. Was Du getan hattest. Wer Du warst.
Du warst wie alle ein schnell gelöstes Rätsel.
Du nanntest Dich Cat, klar hattest Du grüne Augen.
Aber dann...
... hast Du mich angesehen... und Deine Augen...
... sie sind nicht, wie sie sein sollten.
Bermejo

Ich hab früh lernen müssen, Leute zu deuten.
In den Gassen von Gotham gibt es nur einen Weg, es zu lernen...
... indem man böse Fehler macht...
... bis man...
... es kann.
Der Schlüssel sind die Augen. In ihnen sieht man Intentionen, Ziele...
Man sieht, ob man seine Krallen ausfahren, oder ob man wegrennen muss.
Ich habe Dir in die Augen gesehen und sofort alles über Dich gewusst.
Du hast die klassischen, großen blauen Heldenaugen.
Und doch...
... sind sie nicht, wie sie sein sollten.
Adams • Hi-Fi

WAYNE MANOR
WESTFLÜGEL
ALSO *GUT*, WIR SIND *DA*. KANN ICH SIE ABNEHMEN?
EINEN MOMENT NOCH.

DAS JUCKT TOTAL.
WIRD SCHWIERIG GENUG, IHM ZU SAGEN, DASS *WIR* SEIN GEHEIMNIS SEIT *DAMALS* KENNEN.
DASS SEINE TOLLE NARBE BRUCE WAYNE NICHT *TARNEN* KONNTE.
DASS WIR IHN BEI BATMANS AUFTRITT *EINEN MONAT SPÄTER* GLEICH ERKANNT HABEN.

WENN ICH IHM BEICHTEN MUSS, DASS ICH DIR AUCH NOCH DEN *GEHEIMGANG* GEZEIGT HAB...
... NUN...
... MAG SEIN, DASS ES DANN KEINE *HOCHZEIT* MEHR GIBT.

ACH DU HEILIGE--
DAS IST SEIN *HAUS*?!

SELINA!
DAS WIRD *DEIN* HAUS!?!

WAYNE MANOR
OSTFLÜGEL
HABEN SIE EINE ZEIT FEST-GELEGT?

HABEN WIR.

RICHTER WOLFMAN WIRD UNS TRAUEN. HEIMLICH.
ES IST ENTSCHIEDEN. UM DIE WAYNE-IDENTITÄT ZU SCHÜTZEN, GIBT'S KEINE ÖFFENTLICHE TRAUUNG.
DER RICHTER WIRD ZU BETRUNKEN SEIN, UM SICH ZU ER-INNERN, WAS DA GELAUFEN IST.
WIE ROMANTISCH.

WO FINDET ES STATT?
AUF EINEM DACH IM SÜDEN GOTHAMS.
AHA.
DARF ICH FRAGEN...
... WIESO AUF EINEM DACH?

DAS IST--
WIR WAREN DORT.
UND WERDEN IMMER DORT SEIN.

Sie sind blau.
Zumindest beginnt es mit einem tiefen Blau.
Wie ein wolkenfreier Himmel, so rein.
Aber dann erkennt man plötzlich gelbe Funken.
Erst einen, dann etliche, die ineinanderfließen.
Ich meine, sie berühren einander.
Und wo sie das tun, sieht man orangerote Flammen.
Von Weitem ist es ein ruhiges, sanftes Grün.
Aber aus der Nähe wird das Ruhige zu einem Kampf der Farben... Nein...
... kein Kampf.
Ein Tanz.
Daniel • Morey

Augen sind nie völlig blau.
Etwas Grün hier, ein gelber Fleck dort.
Irgendwo sind immer kleine Makel.
Feine weiße Splitter.
Fallender Schnee in der Kälte des Blicks.
Die Zeit bringt diese Makel. Nur Kinder haben reine blaue Augen.
Aber Helden…
… haben das Blau der Wahrheit und der Gerechtigkeit.
Ein Blau, das sein Bestes gibt…
… und merkt, wie vergebens das ist.
Und wenn ich in Deine Augen sehe, damals wie heute…
… suche ich nach diesen Makeln. Sie müssen ja da sein.
Aber…
… ich sehe nur Blau.
Conner
Mounts
Conner • Mounts

ENGLEHART-SCHLAFZIMMER
DAS SOLLTE ES EIGENTLICH NICHT TUN.
ES IST OKAY.

ICH HÄTTE ETWAS ANDERES NEHMEN SOLLEN. ES IST ZU **KOMPLIZIERT**.
HALT **STILL**.
ICH BIN NOCH NICHT **FERTIG**.

ICH-- NEIN...
VIELLEICHT **SOLLTE** ICH DAS **ANDERE** KLEID HOLEN.
WAS HAB ICH GERADE **GESAGT**?
HALT **STILL** UND...

... ALLES WIRD GUT.

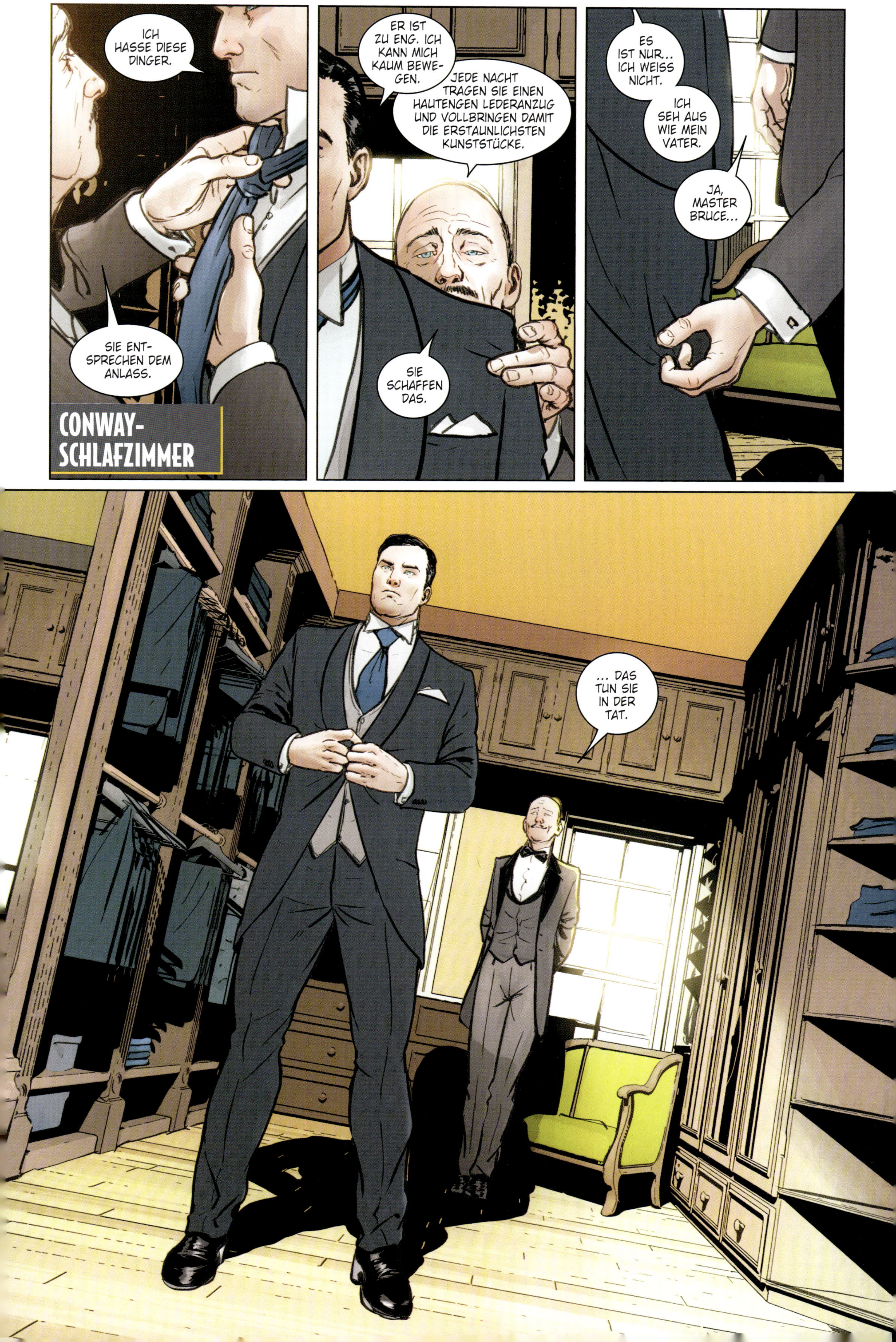

... DAS TUN SIE IN DER TAT.

Ich verstecke meine Augen.
Man sieht nur weiße Schlitze.
Diese Kriminellen und die Fremden, denen ich...
... helfe.
Ich will nicht, dass sie mich...
... sehen.
Ich will, dass sie die Fledermaus sehen.
Ich will diese Fledermaus sein.
Aber wenn Du Dich dort draußen durch Gotham schwingst...
... in Deinen Kostümen...
... sieht man Deine Augen.
Albuquerque

Ich zeige meine Augen.
Sie sollen sie sehen...
... während ich sie überrasche und bestehle...
... und beweise, wie überlegen ich ihnen bin.
Ein jeder soll sie sehen...
... die Katze, die sich nicht unterkriegen lässt.
Die trotz allem immer noch da ist.
Die immer da sein wird, egal was sie tun.
Aber Deine Augen...
Trotz all der Jahre auf den Dächern...
... sah ich sie nie.
Kubert • Sinclair

FOX-KORRIDOR
HI.
WIR SOLLTEN UNS NICHT--
BATS?

HALLO.
DU SIEHST…
CAT?

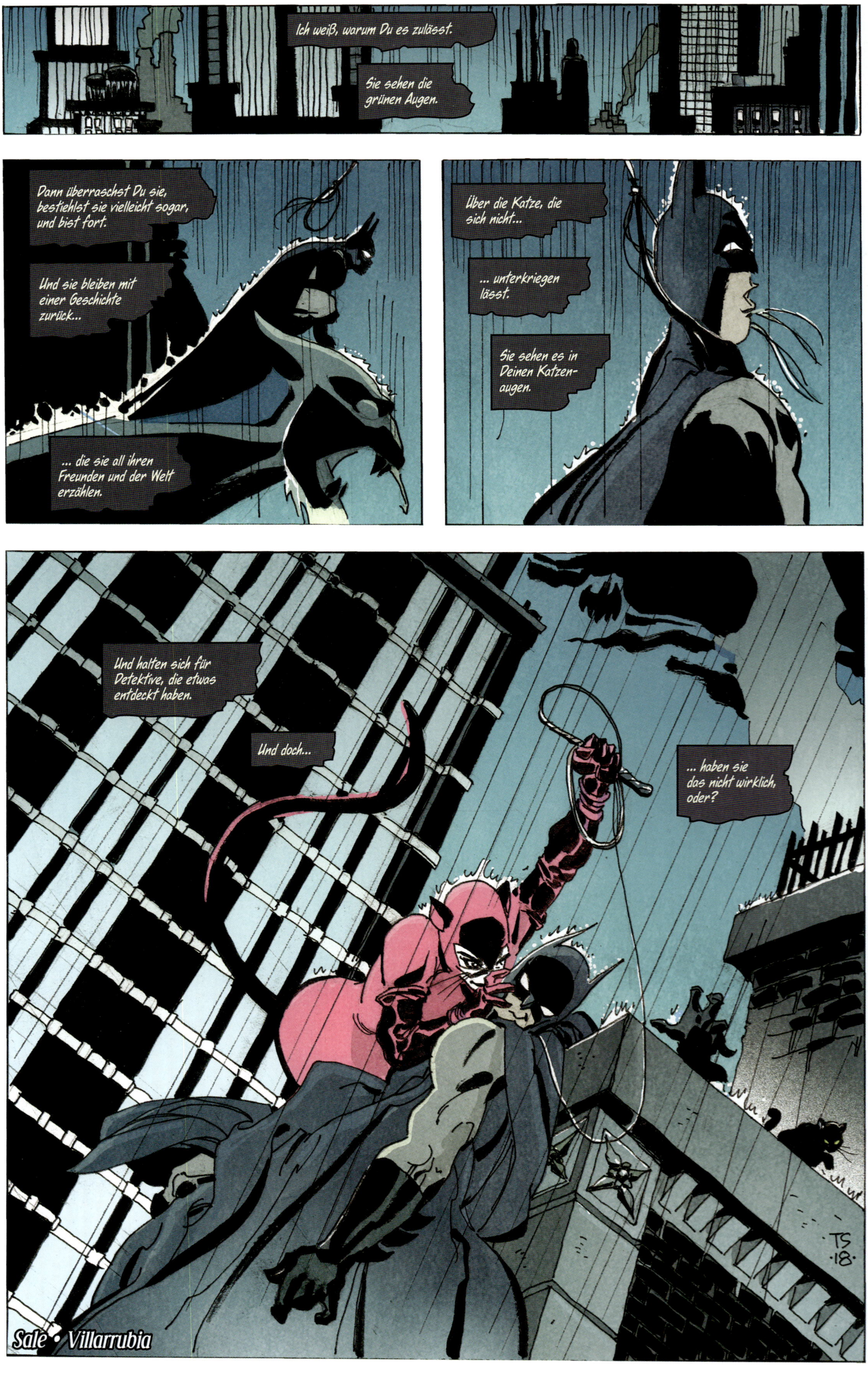

Und halten sich für Detektive, die etwas entdeckt haben.

Und doch...

... haben sie das nicht wirklich, oder?

TS ·18·

Sale • Villarrubia

Diese weißen Schlitze verraten nichts...
... und doch alles, was wir wissen müssen.
Ein Mann voller Wut.
Wie...
... ein Tier.
Eine Fledermaus. Ein Dunkler Ritter. Und der weltbeste Detektiv.
Ein Mann, dessen Superkraft es ist, in allem so gut zu sein wie nur möglich.
Er ist nicht wie wir. Er ist besser.
Das macht uns Angst, aber es beruhigt uns auch.
Weil er besser ist als wir, wird er immer dort draußen sein.
Wenn die Nacht anbricht, ist er zur Stelle.
Immer.
Er wird uns immer retten.
Pope • Villarrubia

ENGLEHART-SCHLAFZIMMER
KAUM ZU GLAUBEN, DASS ER DAS SEIN SOLL.
ALSO... BATMAN.
WIE MEINST DU DAS?

DER REINE WAHNSINN... ICH MEIN, WIR KENNEN IHN SCHON SO LANGE, VON ANFANG AN.
ICH HAB NUR NIE... ICH... ICH KANN NICHT GLAUBEN, DASS ER SO IST.
ER WAR NOCH NIE... SO.
WIE DENN?

FRÖH-LICH.

ER SCHIEN SEIN... LEID IMMER IRGENDWIE ZU BRAUCHEN.
FÜR DAS, WAS ER TUT. DAMIT ER'S TUT.

WAS?

CONWAY-SCHLAFZIMMER
UND DER TRAUZEUGE, SIR?
SIE HABEN MASTER CLARK...
... GAR NICHT INFORMIERT?
NEIN. ICH HAB NOCH MAL NACHGEDACHT... DU SOLLTEST ES SEIN, ALFRED. WENN DU MÖCHTEST.
WIR BEIDE HABEN DAS ALLES GEMEISTERT. VON ANFANG AN.
OHNE DICH KANN ICH NICHT... ICH KÖNNTE ES NIE. WERDE ES NIE.

Deine Augen sind lebendig.
Sie verändern sich, wann immer man hinsieht.
Sie verweigern sich dem Detektiv in mir, der sie deuten will.
Sie ergeben keine Geschichte.
So wie ich Dich nicht deuten kann.
Du bist nicht die Katze, nicht Selina, nicht das kleine Mädchen in den Gassen.
Man kann Dich weder deuten noch...
... verstehen.
Und das bleibt auch so.
Gerads

WORLD'S
Du verbirgst die Augen, weil sie Dich offenbaren.
Da ist nichts in dem Blau, unter dem Blau, über dem Blau.
Denn das ist, wer Du bist.
Kein Held mit Makeln.
Du bist noch ein Kind…
… das leidet und einsam ist.
Ein Junge, der fleht: Hilf mir jemand!
Bitte, irgendwer. Helft mir…
Aber niemand kommt, und Du läufst in die Nacht hinaus.
Nicht trotz der Einsamkeit, sondern wegen ihr.
Du kämpfst für diese Stadt. Rettest sie. Die Welt. Alles und jeden.
Das macht Dich mehr aus als alles andere, Bruce.
Du siehst die Welt mit den Augen eines Kindes.
Dein Blau ist rein. Und perfekt. Und einsam.
KING MANN
Mann • Bellaire

O'NEIL AVE.
SELINA.
IST ALLES OKAY? DU BIST SO STILL.
GP4 198

ICH HAB IHM EINEN BRIEF GESCHRIEBEN, ABER.. ER IST NICHT FERTIG.
ICH HAB-- ICH **HATTE** IHM SEIT ARKHAM NICHT MEHR GESCHRIEBEN, SEIT...
... UNSEREM GESTÄNDNIS.

ICH HABE IHM NOCH SO VIELES ZU SAGEN.
ABER ES FÄLLT SCHWER. WIR SIND IMMER SO... MÜDE.
UND SIND WIR'S NICHT, GEHEN WIR DORT RAUS.

HOLLY.
BIN ICH EINE HELDIN?

ABER SICHER, SELINA.
ODER ETWA NICHT?
ICH MEIN, NACH ALLEM, WAS PASSIERT IST...

... **MUSST** DU DAS NICHT SEIN?!

WEIN-SCHNELLSTRASSE
WIR SIND GLEICH DORT, SIR.
IST MIT IHNEN ALLES IN ORDNUNG?

ICH HABE IHR GESCHRIEBEN.
WIR HABEN SO WENIG ZEIT.
ICH WOLLTE IHR...

... ALLES ERZÄHLEN.

ALFRED... DARF ICH...
... GLÜCK-LICH SEIN?

ALSO... NACH ALLEM, WAS SIE GETAN HABEN...
... WAS SIE ERLITTEN HABEN...
... WÄRE ES BITTER NÖTIG.

WIE SOLL ES SONST WEITER-GEHEN?

Was Du mir zeigst... was Du mich sehen lässt...

... was ich nie verstanden habe, seit den Perlen damals...

Es gibt unlösbare Geheimnisse.

Wenn ich mich selbst betrachte...

... frage ich mich, ob ich unlösbar bin.

Ich kann mehr sein als ein Junge mit ermordeten Eltern.

Der ihretwegen Krieg gegen das Verbrechen als Ganzes führt.

Ich kann diese Falle hinter mir lassen. Diesen Selbstmord.

Das Leid.

Vielleicht kann ich jemand Neues sein.

Der Mann, der Dir in die Augen schaut.

Und mehr sieht als Grün.

Der Mann, der Dich kennt... und noch besser kennenlernen will.

Der Mann, der Dich liebt.

Und versucht, Dich noch mehr zu lieben.

Templeton • Smith

Du bist noch ein leidendes Kind, Bruce.

Die letzten Monate… die Wüste, der Junge, Superman, Diana… Ivy…

Ich habe das Leid in Dir gesehen…

… und was Du damit machst.

Und dann… wie zum Beweis all dessen…

… Boosters Welt, die starb, weil Du glücklich warst.

Der Joker, den Du als zufriedener Mensch nie stoppen könntest.

Du nimmst Leid und verwandelst es in Hoffnung.

Wären wir glücklich… und das wären wir…

… helfe ich dem Jungen mit seinen einsamen Augen…

… bringe ich Batman um, die Hoffnung, den Mann, der sie alle rettet.

Wie könnte ich das tun? Wie kann ich Dich so lieben und Dich ansehen…

… ins endlose Blau starren… dieses Blau, das mich ruft.

Wissend…

… dass Helden Opfer bringen müssen.

Das ist die Lektion der Geschichte.

Könnte ich nur mein Leben geben. Aber ich muss mehr opfern.

Mein Opfer ist die Liebe…

… zu Dir.

Jones • Bellaire

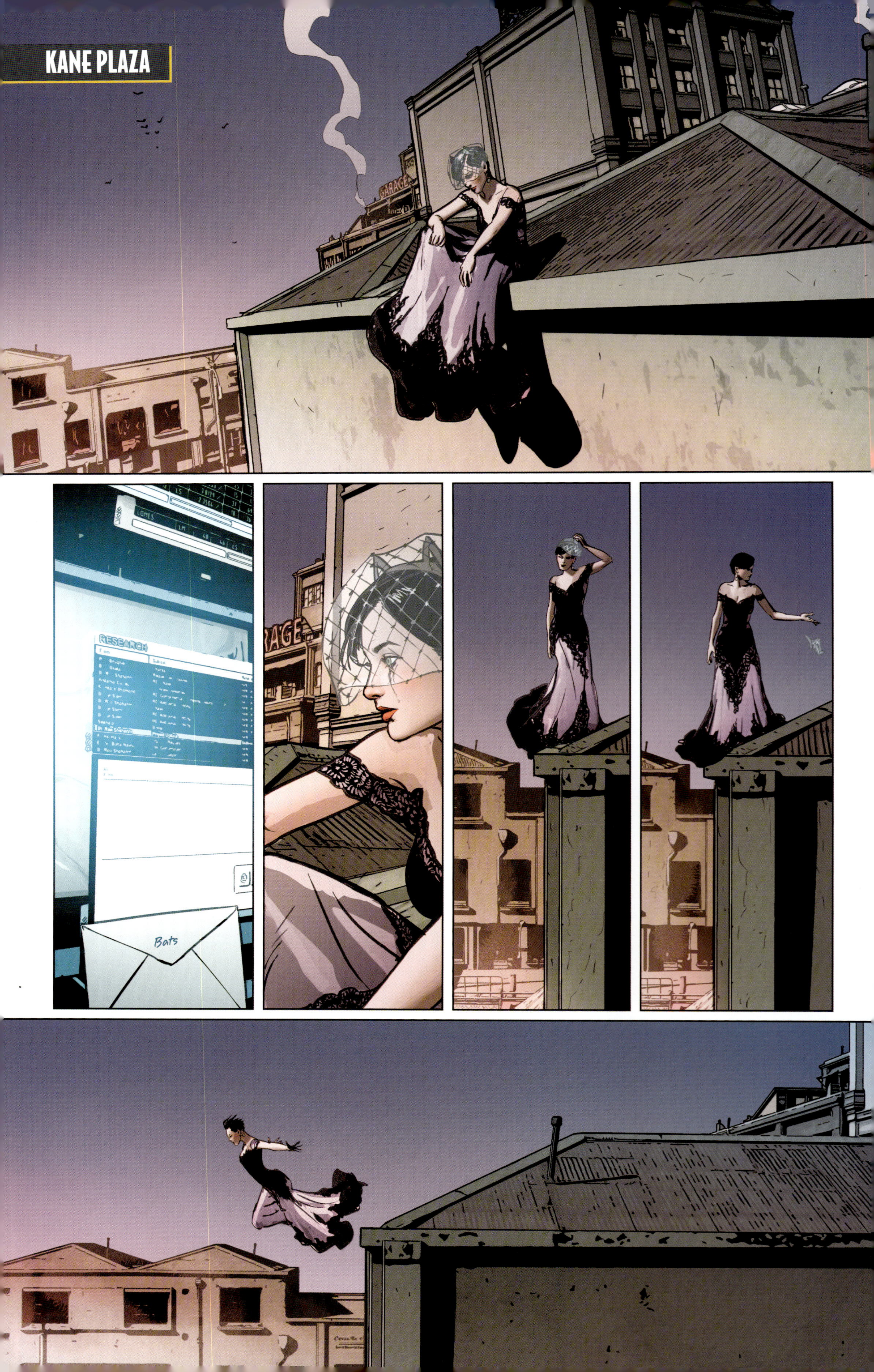

KANE PLAZA

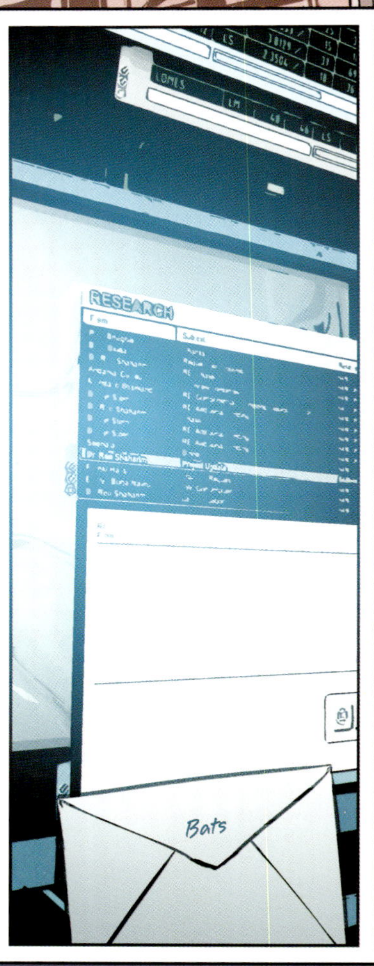

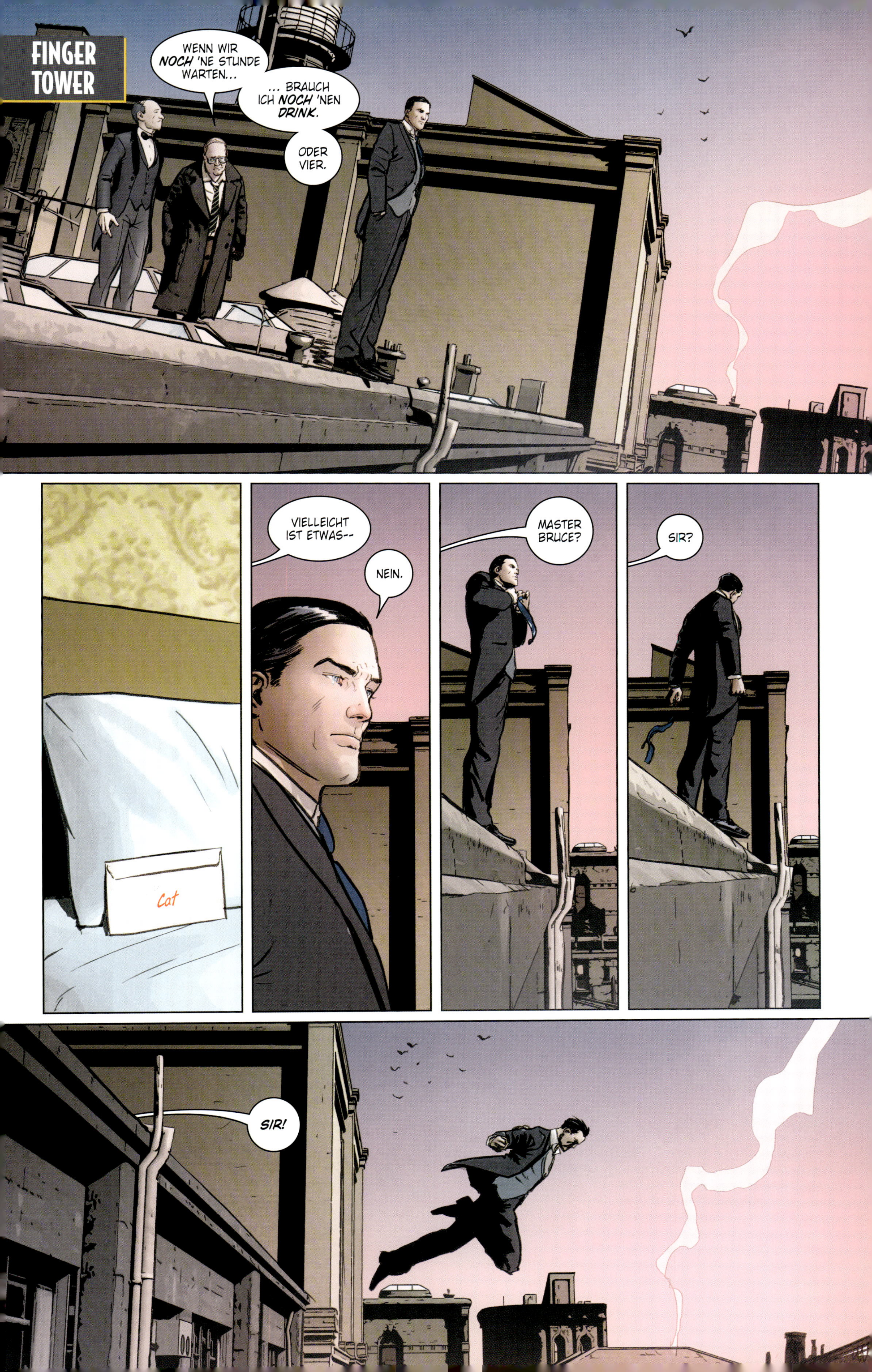

FINGER TOWER

WENN WIR *NOCH* 'NE STUNDE WARTEN...

... BRAUCH ICH *NOCH* 'NEN *DRINK.*

ODER VIER.

In Liebe,
FINCH
Finch • Bellaire

Ich liebe Dich,
Lee • Williams • Sinclair

Bats

Capullo • Plascencia

Weeks

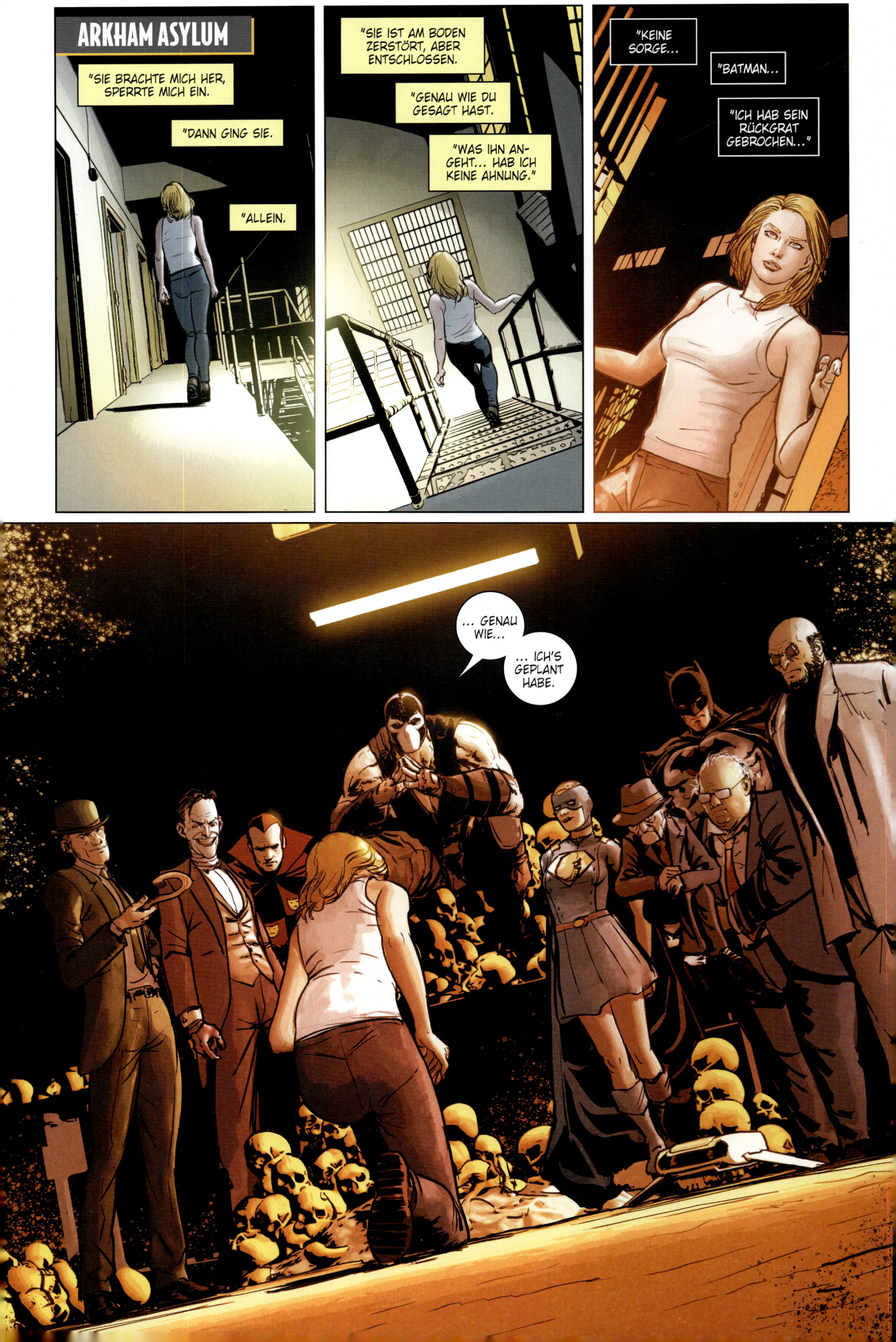

... GENAU WIE...
... ICH'S GEPLANT HABE.

Die Hochzeit von

Batman & Catwoman

4. Juli 2018

Story
TOM KING

Zeichnungen
MIKEL JANÍN

Farben
JUNE CHUNG

Übersetzung
RALPH KRUHM

Lettering
WALPROJECT

EHRENGÄSTE

In der Reihenfolge ihres Erscheinens:

JOSÉ LUIS GARCÍA-LÓPEZ & TRISH MULVIHILL
BECKY CLOONAN
JASON FABOK & BRAD ANDERSON
FRANK MILLER & ALEX SINCLAIR
LEE BERMEJO
NEAL ADAMS & HI-FI
TONY S. DANIEL & TOMEU MOREY
AMANDA CONNER & PAUL MOUNTS
RAFAEL ALBUQUERQUE
ANDY KUBERT & ALEX SINCLAIR
TIM SALE & JOSÉ VILLARRUBIA
PAUL POPE & JOSÉ VILLARRUBIA
MITCH GERADS
CLAY MANN & JORDIE BELLAIRE
TY TEMPLETON & KEIREN SMITH
JOËLLE JONES & JORDIE BELLAIRE
DAVID FINCH & JORDIE BELLAIRE
JIM LEE, SCOTT WILLIAMS & ALEX SINCLAIR
GREG CAPULLO & FCO PLASCENCIA
LEE WEEKS

Redaktion USA
BRITTANY HOLZHERR & JAMIE S. RICH

Bis dass der Tod sie scheidet?

Tom King setzt seine komplexen Geschichten und die ikonischen Figuren darin mit unkonventionellen Erzählmethoden, verblüffenden Schwerpunkten und überraschenden Wendungen in Szene. Im bisherigen Verlauf seiner **Batman**-Saga wurde das nie deutlicher als in dem Moment, da er in US-BATMAN 50 im September 2018 die Erwartungen vieler Leser und Fans durchkreuzte und die Hochzeit von **Batman** und **Catwoman** in einem ebenso emotionalen wie realistischen Finale dieser Storyline platzen und somit die beiden letztlich doch nicht vor den Altar treten ließ – begleitet von einem rührenden Manifest ihrer gegenseitigen Liebe.

Im Januar 2018, also schon einige Monate vor dieser aufsehenerregenden Auflösung seiner mit Spannung erwarteten Hochzeitsstory, inszenierte King auf den Seiten von US-BATMAN ANNUAL 2 eine lange Geschichte, die nicht in der gegenwärtigen Hauptrealität des DC-Universums und der monatlichen BATMAN-Serie einsetzt, sondern in einer **Alternativwelt**. Die gleich folgende, wunderschöne **Was wäre, wenn?**-Erzählung mit prächtigen Zeichnungen von **Lee Weeks** und **Michael Lark** zeigt, wie **Bruce** und **Selina** einander finden, in dieser alternativen Realität tatsächlich den Bund der Ehe schließen, eine Tochter haben und zusammen alt werden…

LEE WEEKS

VOR VIELEN JAHREN...

DC COMICS & PANINI PRÄSENTIEREN...

EINES TAGES

Story TOM KING • Zeichnungen LEE WEEKS (S. 1-30) & MICHAEL LARK (S. 31-38)
Farben ELIZABETH BREITWEISER (S. 1-30) & JUNE CHUNG (S. 31-38)
Übersetzung RALPH KRUHM • Lettering WALPROJECT
Redaktion USA JAMIE S. RICH & MAGGIE HOWELL
Batman geschaffen von Bob Kane mit Bill Finger.

AAAA!!!
MASTER BRUCE.
HAB ZU TUN.
"ICH WEISS, WOMIT SIE... BESCHÄFTIGT SIND, SIR.
SCREEEEEEEEEEE
"ABER ES GIBT DA ETWAS, DAS SIE VIELLEICHT WISSEN SOLLTEN."
ES SCHEINT, ALS HÄTTEN WIR EIN PROBLEM...
NNNN
SCREEEE
"... MIT DEM WAGEN."

DAS BAT-AU-AU-AU-AU-AU-
DAS BATMOBIL!
WIE SIEHT DER WAGEN AUS, SIR?
DEM BATMOBIL GEHT'S GUT.
BAT... MOBIL, SIR?
IST DAS JETZT SEIN NAME?
Quiek Quiek
SIE HAT EINE MAUS...
... HINTER-LASSEN.

SPÄTER...
SIR, HATTEN WIR UNS NICHT AUF EINEN RUHETAG GEEINIGT?
Quiek Quiek

ALS ICH IHN LETZTE NACHT GORDON ÜBERGEBEN HABE, HAT NIGMA GEFRAGT:

"WAS SPIELT FALSCH?"
ICH HALTE DAS FÜR EINEN CODE. WENN ICH DIESE BUCHSTABEN IN ZAHLEN--

SIR, SIE HABEN EINE ANGEBROCHENE RIPPE, EINE GEHIRNERSCHÜTTERUNG UND EINE RISSWUNDE IM UNTERLEIB.
DER RIDDLER IST *VERHAFTET*.
SIE GEHÖREN INS BETT.

ALS SIE IHN ABGEFÜHRT HABEN... SEIN GESICHTSAUSDRUCK...
ER WIRKTE *ZUFRIEDEN*, ALS ER ES SAGTE.
DU KENNST DIESEN BLICK...?

JA, MASTER BRUCE, ICH HAB IHN SCHON MAL GESEHEN.

VOR VIELEN JAHREN.

"WAS SPIELT FALSCH...?"

WARTE MAL...
FRANCIS *WUSS*, SECOND BASEMAN BEI DEN GOTHAM KNIGHTS.

HAT DER NICHT SEINEN EINSATZ VERPASST?

DER STIFT IST WEG.
IST ER?
SOLL ICH SUPERMAN ALARMIEREN?
ODER SEHEN WIR ERST UNTER DEM SOFA NACH?
SIE IST HIER.
SIR?
MIIIAU.
SPEISE-ZIMMER.

HALT!
NEIN.
ICH KRIEG DICH.
WIRST DU NICHT.
DAS IST DOCH LÄCHERLICH!
DASS DU DENKST, DU KRIEGST MICH?
DAS STIMMT.
ICH HAB DICH ABER GLEICH!
NEIN, HAST DU NICHT.

WAS ICH SAGEN WOLLTE... NACH DEM, WAS MIT DEM WAGEN PASSIERT IST, WOLLTE ICH NETT SEIN.
ALSO HAB ICH SELBST DIE COPS ALARMIERT, BEVOR ICH BEI DIR EINGEBROCHEN BIN. ICH FINDE DAS SEHR NETT.
UND ICH GLAUBE, SIE FAHREN JETZT GERADE VOR.
ES WIRD SIE BESTIMMT FREUEN, WENN ICH VOR IHNEN AUS DEM FENSTER SPRINGE.
OH.
OB ES SIE ÜBERRASCHT, WENN DU EINFACH HINTERHER SPRINGST...
... BRUCE WAYNE?

BYE-BYE, BATS.
DANKE FÜR DEN STIFT.

DA IST SIE!
ICH HAB SIE!
HALT, MISS! STOPP!
SIE IST HIER!
NEHMEN SIE DIE HÄNDE HOCH, WO ICH SIE SEHEN--

WARTEN SIE--
SIE KÖNNEN--
WIE IST SIE--
KANN DENN NIEMAND--
DAS IST NICHT--

SEHT IHR SIE NOCH?!?
Quiek Quiek

OKAY, SUCHT ALLES AB!
SPERRT DIE STRASSE!
HOLT DIE HUNDE!
DIE ENT-KOMMT UNS NICHT!
Quiek Quiek

BEWEGT EUCH!
NA LOS!
ICH BRAUCH DAS SOFORT!
STEHT NICHT DUMM RUM, TUT WAS!
Quiek Quiek

SIE DARF UNS NICHT ENTKOMMEN.
Quiek Quiek

SPÄTER..
EEEEEEEEEEEEEEEEE
DIE NEUEN ALARM-SYSTEME...
VIER HABEN VERSAGT. ERST DAS FÜNFTE HAT REAGIERT.
SIE IST ZURÜCK.
SIE HABEN NUN MAL GUTE STIFTE.
SIE IST IM SCHLAF-ZIMMER.
ICH HAB ALLE TÜREN VERRIEGELT. SIE KANN NICHT ENTKOMMEN.
DAS WAR'S.
BITTE SAGEN SIE IHR, WENN SIE NOCH EINE MAUS ZURÜCK-LÄSST...
... WÄRE ES ANGEBRACHT, ETWAS GELD FÜR DAS VER-DAMMTE FUTTER DAZUZULEGEN.

ALSO, IM SAFE, DEN DU NICHT GUT VERSTECKT HAST...
... DEM HINTER DEM GOYA...
... SIND VIELE HÜBSCHE JUWELEN UND 'N GANZER HAUFEN GELD.
ES IST VORBEI.
ABER IM SAFE, DEN DU GUT VERSTECKT HAST...
... DEM HINTER DEM FÜNFTEN ALARMSYSTEM...
ES WÄRE AM BESTEN, WENN DU FREIWILLIG AUFGIBST.
... IN DEM SAFE...
... IST NUR EINE...

… PERLE.
EINE EINZELNE, VERKRATZTE…
… PERLE.
WIESO?
SIE GEHÖRTE…
… MEINER MUTTER.

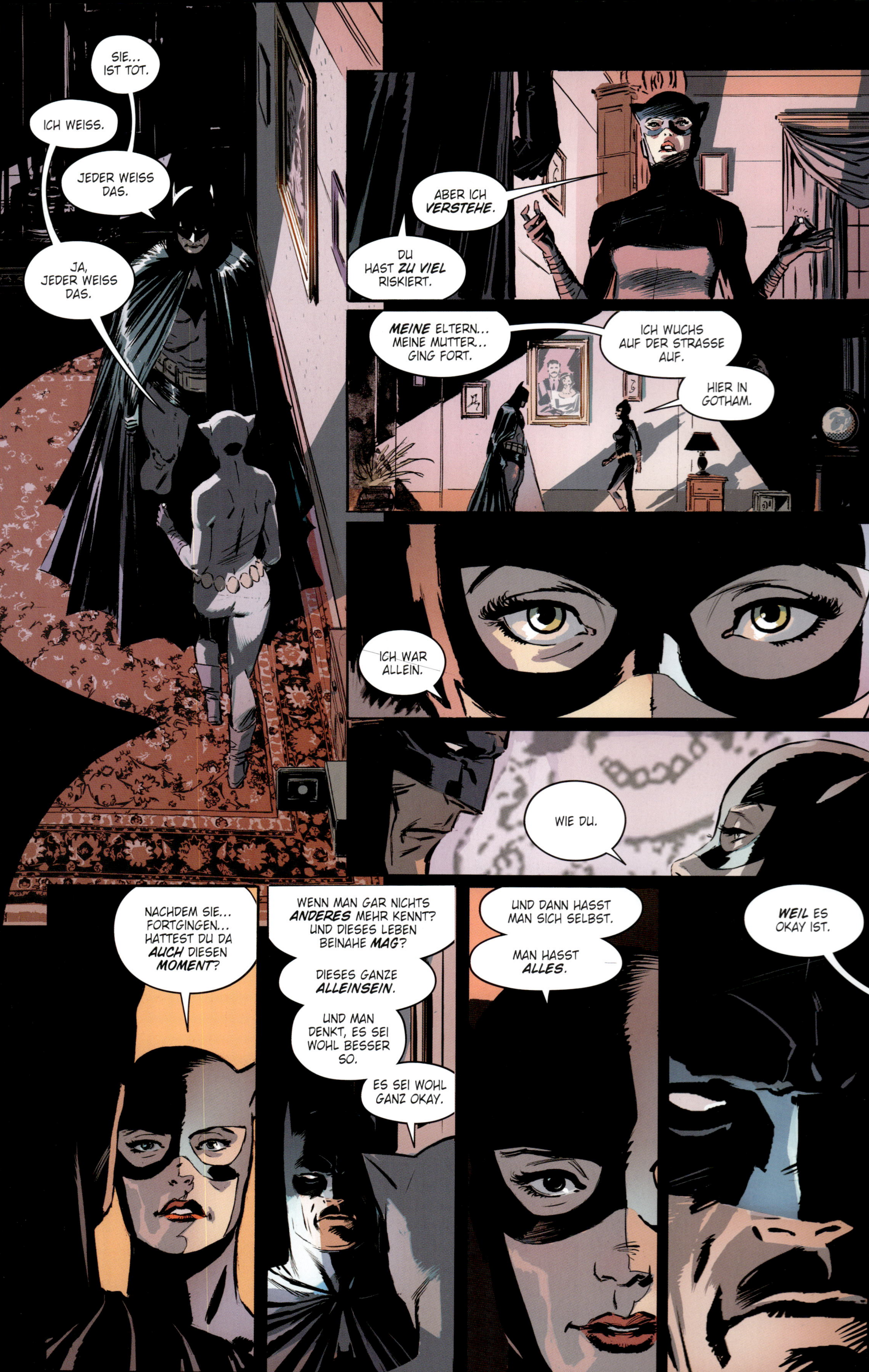
SIE... IST TOT.
ICH WEISS.
JEDER WEISS DAS.
JA, JEDER WEISS DAS.
DU HAST *ZU VIEL* RISKIERT.
ABER ICH *VERSTEHE*.
MEINE ELTERN... MEINE MUTTER... GING FORT.
ICH WUCHS AUF DER STRASSE AUF.
HIER IN GOTHAM.
ICH WAR ALLEIN.
WIE DU.
NACHDEM SIE... FORTGINGEN... HATTEST DU DA *AUCH* DIESEN *MOMENT*?
WENN MAN GAR NICHTS *ANDERES* MEHR KENNT? UND DIESES LEBEN BEINAHE *MAG*?
DIESES GANZE *ALLEINSEIN*.
UND MAN DENKT, ES SEI WOHL BESSER SO.
ES SEI WOHL GANZ OKAY.
UND DANN HASST MAN SICH SELBST.
MAN HASST *ALLES*.
WEIL ES OKAY IST.

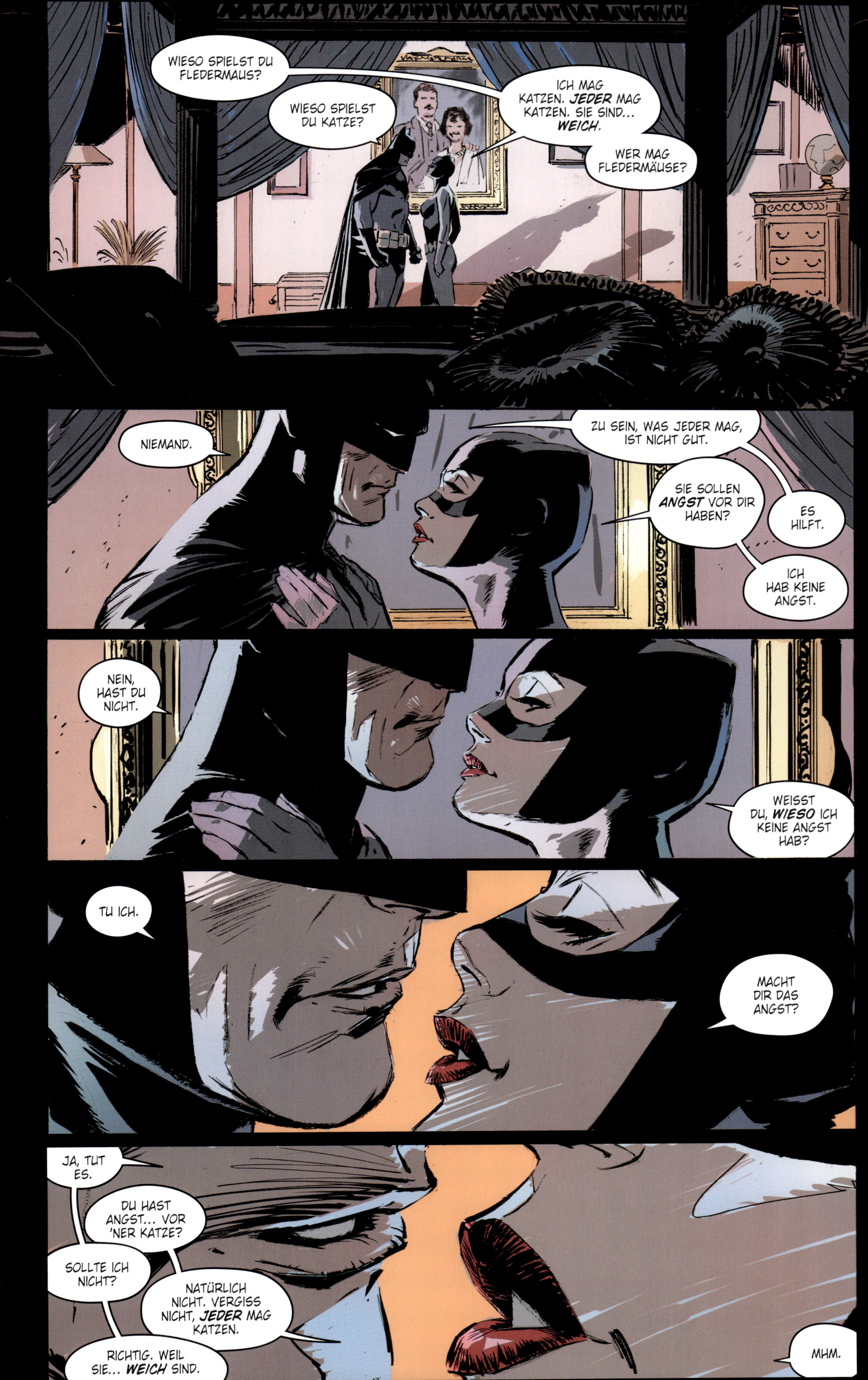
WIESO SPIELST DU FLEDERMAUS?
WIESO SPIELST DU KATZE?
ICH MAG KATZEN. JEDER MAG KATZEN. SIE SIND... WEICH.
WER MAG FLEDERMÄUSE?
NIEMAND.
ZU SEIN, WAS JEDER MAG, IST NICHT GUT.
SIE SOLLEN ANGST VOR DIR HABEN?
ES HILFT.
ICH HAB KEINE ANGST.
NEIN, HAST DU NICHT.
WEISST DU, WIESO ICH KEINE ANGST HAB?
TU ICH.
MACHT DIR DAS ANGST?
JA, TUT ES.
DU HAST ANGST... VOR 'NER KATZE?
SOLLTE ICH NICHT?
NATÜRLICH NICHT. VERGISS NICHT, JEDER MAG KATZEN.
RICHTIG. WEIL SIE... WEICH SIND.
MHM.

WIESO KÄMPFEN WIR?
WIESO... LASSEN WIR DAS NICHT?

DU STIEHLST SACHEN.
DU BIST KRIMINELL.

UND DEN MASKIERTEN VIGILANTEN ZU SPIELEN...
... IST DAS ETWA **VÖLLIG** LEGAL?

ICH VERSUCHE ZU **HELFEN**.
TUST DU DAS?

NA GUT.
ICH AUCH.
BITTE... LASS DAS...
NIMM DIE HÄNDE VON MEINEM...

HSSSS
... GÜRTEL.

NICHT...
NEIN!
ALFRED! SIE... HAT EINE MEINER RAUCHBOMBEN GEZÜNDET!
ICH SEH--
CHECK DEN COMPUTER! DIE TÜREN, DIE **SCHLÖSSER**! HALTEN SIE?!
NEIN, SIR.
KANNST DU DIESE... CATWOMAN **IRGENDWO** SEHEN?
QUIEEEK QUIEEEK
NEIN, SIR.
MIST!
QUIEEEK
QUIEEEK

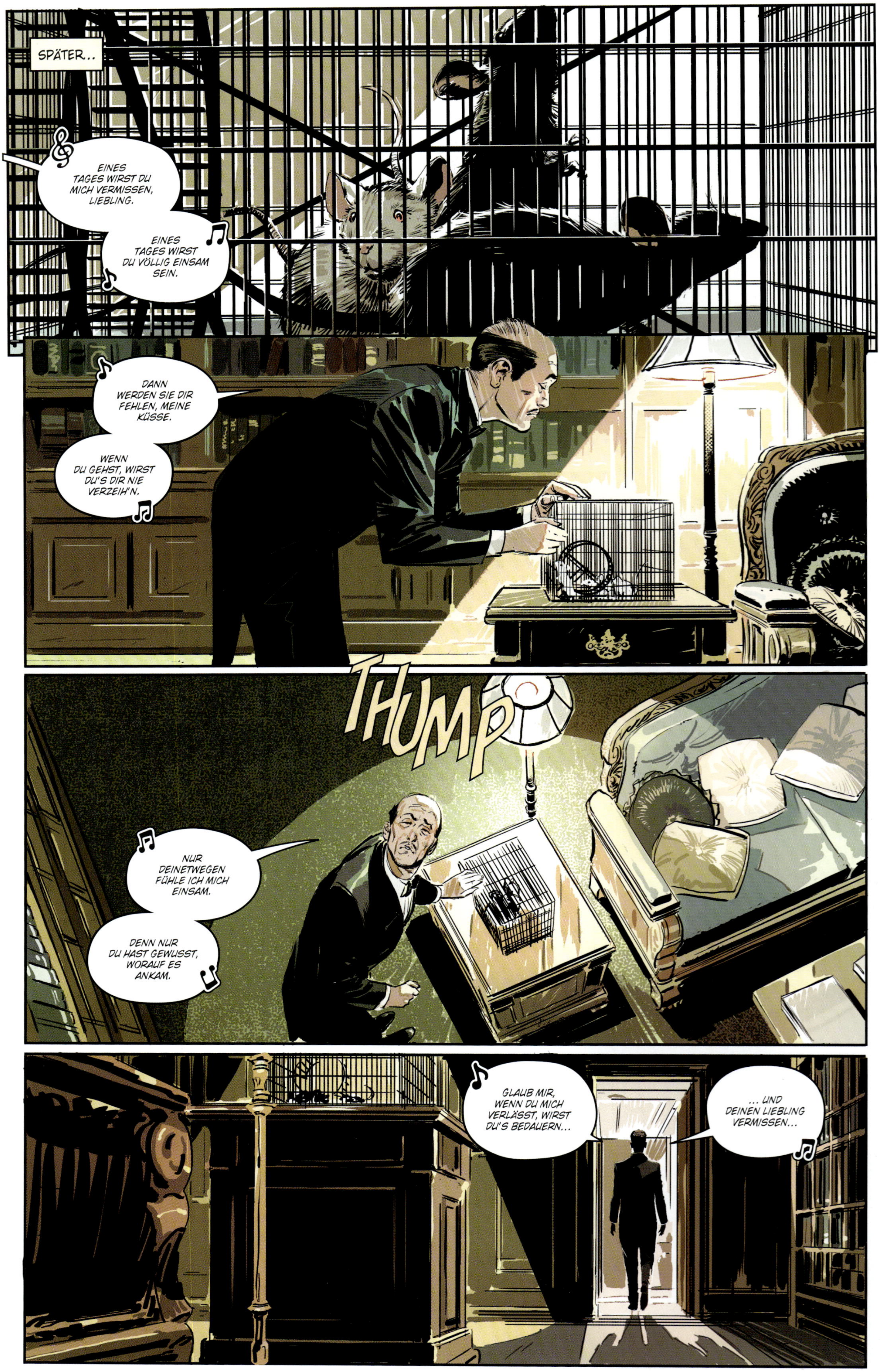

SPÄTER…

EINES TAGES WIRST DU MICH VERMISSEN, LIEBLING.

EINES TAGES WIRST DU VÖLLIG EINSAM SEIN.

DANN WERDEN SIE DIR FEHLEN, MEINE KÜSSE.

WENN DU GEHST, WIRST DU'S DIR NIE VERZEIH'N.

"... EINES TAGES."
WIEDER UND WIEDER.
SCHON WIEDER?

WIESO?

WEISST DU, EIGENTLICH SOLLTEST DU'S SCHÄTZEN.
HAST DU JE VERSUCHT, 'NE MAUS FESTZUHALTEN?
DIE WINDEN SICH GANZ SCHÖN.
SAG'S MIR!
MMM...
... IST DAS SO SCHWER?
WEIL DU SCHWACH BIST UND BESSER SEIN MUSST.
ICH MUSS DIR HELFEN UND DIR ZEIGEN, WO GENAU DEINE SCHWÄCHEN LIEGEN.
SONST WIRST DU STERBEN.

ICH SEH'S GENAU, JEDES MAL.
UND ICH SEH DICH HÄUFIGER, ALS DU WEISST.
DU BIST SO GUT.
BIST SO GUT TRAINIERT.
DU HAST FAST *ALLES* GEMEISTERT, WAS ES ZU MEISTERN GIBT.
ABER DORT DRUNTER... UNTER DEINER MASKE... DEM UMHANG...
... BIST DU NOCH IMMER DER ARME KLEINE, REICHE JUNGE IN DEM GROSSEN HAUS.
ALLEIN MIT DEM GANZEN SCHMERZ.
DU BIST EINE SÜSSE KLEINE *MAUS*...
... DIE DIE *KATZE* NICHT KOMMEN SIEHT.

DU KENNST MICH NICHT.
UND DU KENNST MICH NICHT.
ICH WEISS GENUG.
NUN, BATS, MANCHMAL REICHT DAS GERADE...
... UM NOCH VIEL MEHR WISSEN ZU WOLLEN.

WAS KÜMMERT ES DICH...
... OB ICH LEBE ODER STERBE?
KÜMMERT ES *DICH*?
OB *ICH* LEBE ODER STERBE?
DAS IST ETWAS ANDERES.
WIR SIND VERSCHIEDEN.
NEIN, BATS, *DAS* IST DER *SPRINGENDE PUNKT*.
UNTER ALL DEM...
... SIND WIR GENAU GLEICH.

NEIN... ICH--
CAT?
CAT?!
CAT...
Quiek Quiek
Quiek Quiek
Quiek Quiek

SPÄTER...
QUIEK.
WIE HAST DU--
DEINE **SOUVENIRS**. DIE ART VON BLEI IN IHREN AUS-SCHEIDUNGEN...
... FÜHRTE MICH ZUR WANDFARBE IN DIESER WOHNUNG.
MÄUSE-KÖTTEL.
JA.
MÄUSE-KÖTTEL.

UND FÜR DIESE KÖTTEL BRAUCHT ES KEINE VIER MÄUSE... STIMMT'S?
DU HAST ES VON ANFANG AN GEWUSST UND HAST MICH TROTZDEM...
WIESO?
WEIL ICH DAS ALLEINSEIN MANCHMAL MAG...
... UND DANN ALLES HASSE, WEIL ICH ES MAG.
DU VERSTEHST MICH.
UND ICH DICH.
KLASSE. SCHÖN, DASS DU'S VERSTEHST.
WIR ZWEI, DIE VERLORENEN WAISEN.
DIE IHRE SCHWÄCHEN GEGENSEITIG ERKENNEN.
UND JETZT...
... WILLST DU WAS GENAU?
MIR HELFEN?
NEIN.
ICH WILL DIR NICHT HELFEN.

HALLO.
HALLO.
WEISST DU NOCH, UNSER ERSTES TREFFEN?
DACHTEST DU, ES WÜRDE ZU DEM HIER FÜHREN?
ALS ICH AUF DEM SCHIFF DEINE MASKERADE ENTTARNTE...
DU WARST... DU BIST SO SCHÖN.
WAS...
AUF DEM... SCHIFF?!
DU HAST ES VERGESSEN.
ES WAR AUF DER STRASSE.
NEIN, DU IRRST DICH.
ES WAR AUF DEM...

SPÄTER...
... SCHIFF.
DAS WAR ES *NICHT*. DU IRRST DICH.

ICH HAB IM ALTER VON 16 JAHREN MIT DEM *GEDÄCHTNIS VOM BERG* TRAINIERT.
EIN JAHR LANG HAT MICH DIESER MANN GELEHRT, IN MEINEM GEIST ZU SPEICHERN, WAS ICH WAHRNEHME.
ER HAT GESAGT, ICH WÄR SEIN ERSTER SCHÜLER, DER IHN *ÜBERTROFFEN* HAT. HAT ER GESAGT.

DAS KLINGT ECHT NETT, BATS.
ES WAR *TROTZDEM* AUF DER STRASSE.

NEIN, CAT. ERINNERE DICH, WIR--

WIR HABEN JETZT ALLE RESULTATE.
ICH FÜRCHTE...

DAS GEDÄCHTNIS VOM BERG HAT DREI SCHACHTELN AM TAG GERAUCHT.

ICH SOLLTE *EIGENTLICH* FÜR EINEN MONAT IN TRANCE BLEIBEN.
ABER ER *TRAT* MICH ALLE PAAR TAGE WACH...
... UND SCHICKTE MICH DEN BERG RUNTER, UM IHM EIN PAAR STANGEN ZU BESORGEN.

NATÜRLICH DURFTE ICH KEIN GELD ODER *SONSTIGE* BESITZTÜMER HABEN, ALSO MUSSTE ICH SIE *STEHLEN*.
UND ES GAB NUR *EINEN* LADEN IM UMKREIS VON... ES GAB NUR *DEN*.
BEIM DRITTEN MAL MERKTEN SIE DANN, WAS VOR SICH GING.

ALSO HAB ICH MICH VERKLEIDET.
NUR HATTE ICH DAFÜR *AUCH* KEIN GELD.
ICH MUSSTE MIR *DAS* ZEUG *AUCH* STEH--

SCHON GUT. ALLES GUT.

ES IST OKAY.
ES GEHT MIR GUT.

ALSO... AM ORT GAB ES DA DIESE FRAU...
... DIE... ÄH... ALSO, SIE HATTE...
EINE SAMMLUNG PERÜCKEN, IN EINEM SCHRANK-KOFFER.
JA... IN EINEM *VER-SCHLOSSENEN* SCHRANK-KOFFER.

HAB ZATANNA ERREICHT.
UND SIE GING IN DIESE... NA, WO AUCH IMMER SIE HINGEHT... *WEIT WEG*.
SIE HAT GESAGT, ES GIBT NICHTS, WAS SIE TUN KANN.

SIE SAGT, ES IST...
JEDER HÄTTE SEINE ZEIT. SAGT SIE.
DAD... HATTE SEINE.

ES... TUT MIR LEID, ICH MUSS--
HELENA, ICH BIN MIT DEINEM *DAD* VERHEIRA-TET.
ICH VERSTEH DAS.
GEH EINFACH.

JA, MUTTER.

IRGENDWO DA DRAUSSEN GIBT'S 'NE ANDERE ERDE, AUF DER ICH NIE ÄLTER WERDE.
ODER KRANK. DORT HAB ICH NIE GEHEIRATET.
ICH BIN DORT IMMER ALLEIN. *IMMER BATMAN.*

VERGISS DAS LICHT NICHT.

WENN ICH... DU WEISST SCHON... *DANACH*... SUCH BITTE NACH BARRY.
UND BITTE IHN, DIESEN ANDEREN BATMAN ZU FINDEN.
DER WIRD SICH DANN UM DICH *KÜMMERN*.

DAS SOLLTEST DU WIRKLICH TUN.
ICH WILL, DASS DU GLÜCKLICH BIST.
UND SICHER.

BATS?
JA, CAT?

DU HAST DAS LICHT VERGESSEN.

JA.
ICH MACH'S GLEICH AUS.
GIB MIR EINEN MOMENT.
OKAY.

EINES TAGES WIRST DU MICH VERMISSEN, LIEBLING.
NNNNNG

VERDAMMT!
EINES TAGES WIRST DU VÖLLIG EINSAM SEIN.

-HUST-
-KEUCH-
-HUST-
DANN WERDEN SIE DIR FEHLEN, MEINE KÜSSE. WENN DU GEHST, WIRST DU'S DIR NIE VERZEIH'N.
BATS?

ICH KONNTE NICHT--
ICH KANN NICHT--
NUR DEINETWEGEN FÜHLE ICH MICH EINSAM. DENN NUR DU HAST GEWUSST, WORAUF ES ANKAM.

WAS...?
BIST DU HIER, UM MIR ZU HELFEN?
GLAUB MIR, WENN DU MICH VERLÄSST, WIRST DU'S BEDAUERN...

NEIN.
ICH BIN NICHT HIER, UM DIR ZU HELFEN.
... UND DEINEN LIEBLING VERMISSEN...

... EINES TAGES.

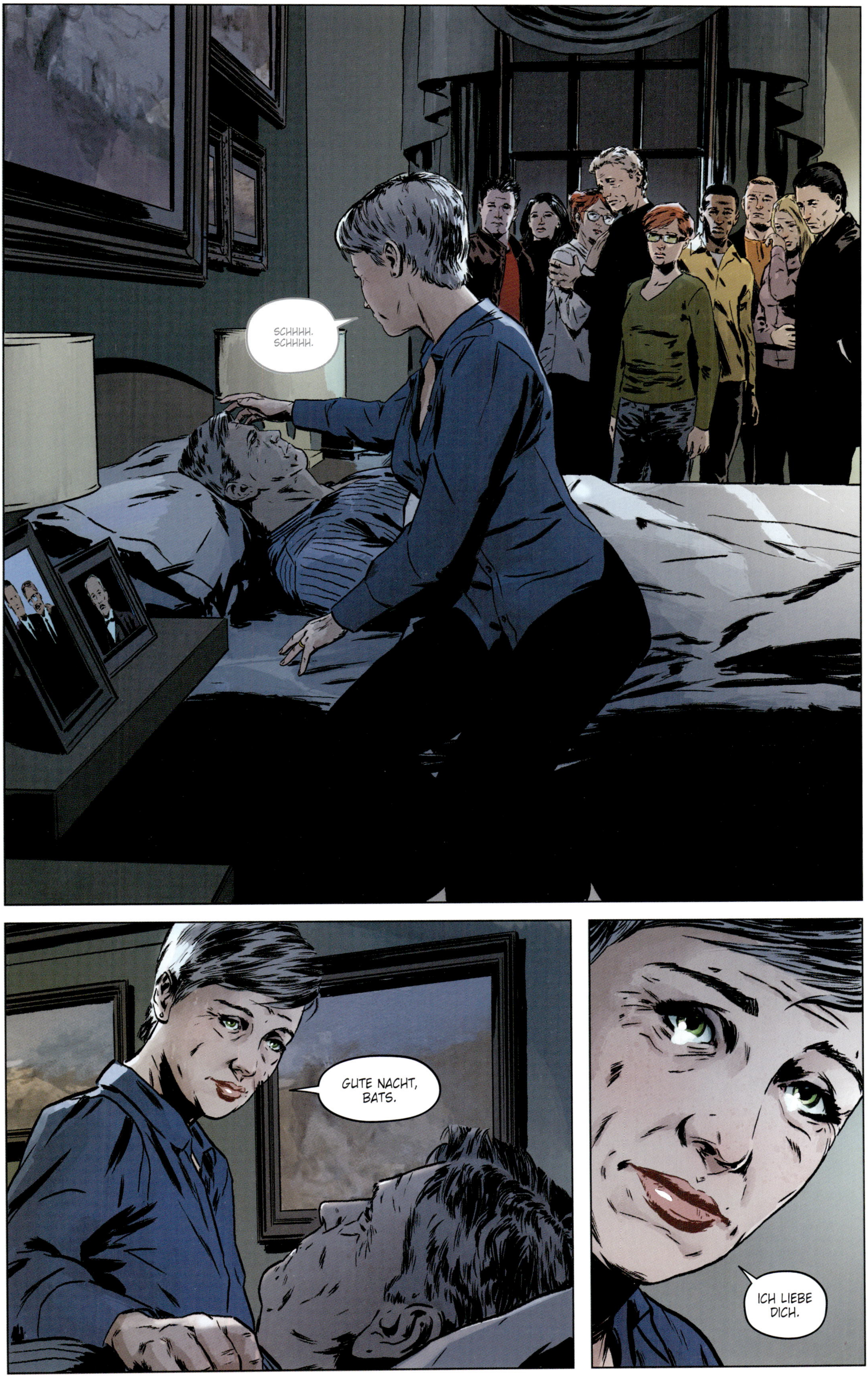

SCHHHH.
SCHHHH.

Miiiau

Miiiau

WO KOMMST DU DENN HER, MEINE KLEINE?
WAS... IST--

Ich liebe Dich auch, Cat. Vom ersten Kuss bis zum letzten.

Miiiau

Miiiau

Prrrrrrr

Ende

Batman & Catwoman

Die Stationen einer Liebe

von Christian Endres

Im US-Heft BATMAN 44, das diesen Band eröffnet, bereisen Autor **Tom King** und Zeichner **Mikel Janín** die gesamte Historie des grimmigen Fledermausritters und der katzenhaften Meisterdiebin, die sein Herz stahl und über die Jahre viele verschiedene Kostüme trug. Dabei zitieren die Kreativen mehrere Comic-Seiten aus der langen Geschichte und der gesamten Vergangenheit von **Batman** und **Catwoman**. Auf den nächsten Seiten sind die zum Teil wahrlich klassischen Original-Storys und das bildliche Quellenmaterial für die Zeitreise durch die Liebe von Bat und Cat aufgeschlüsselt, die 1940 begann und nun ihren bittersüßen Höhepunkt erlebt.

DAS ERSTE TREFFEN

Batman debütierte im Mai 1939 in einer Story seiner Schöpfer **Bob Kane** und **Bill Finger**, die in US-Heft 27 der Anthologie-Serie DETECTIVE COMICS abgedruckt war. Es dauerte nicht lange und die Krimi-Reihe, die sich verschiedenen Ermittlern widmete, wurde vom maskierten Detektiv Batman dominiert und zu seiner Flaggschiff-Serie – heute ist DETECTIVE COMICS, von Fans gern als 'TEC bezeichnet, ein echter Batman-Traditionstitel. 1940 startete dann die allererste Soloheftserie des **Dunklen Ritters** mit dem Titel BATMAN. Gleich in einer der Storys des ersten Heftes versuchen Batman und sein junger Gehilfe **Robin**, einen Juwelendiebstahl auf einer Jacht zu vereiteln. In der Geschichte von Kane, Finger und Tuscher **Jerry Robinson** begegnet der **Mitternachtsdetektiv** erstmals einer schönen Diebin, die damals noch kein Kostüm trägt und sich schlicht **The Cat** nennt. Batman enttarnt und schnappt sie und findet das gestohlene Schmuckstück unter einer Bandage an ihrem Knöchel, die er abwickelt. Cats Partner bedroht sie und Batman daraufhin mit einer Schusswaffe, doch der Dunkle Ritter streckt den Schuft mit einem Hieb nieder. Cat wirft sich dem Helden an den Hals und bietet ihm an, zusammen die Königin und der König des Verbrechens zu werden, was Batman jedoch ablehnt. Als er und Robin die Diebin mit ihrem Boot an Land bringen und der Polizei überstellen wollen, springt Cat ins Wasser – und Batman stellt sich Robin absichtlich in den Weg, sodass Cat entkommen kann, was er hinterher jedoch leugnet. Am Ende der Episode schwärmt ein betörter Batman von der attraktiven Kriminellen. Comic-historisch betrachtet war dies 1940 die erste Begegnung von **Bruce** und **Selina**. Die Comic-Genies **Frank Miller** und **David Mazzucchelli** fügten der persönlichen Geschichte der beiden in ihrem Klassiker BATMAN: DAS ERSTE JAHR im Jahre 1987 rückwirkend jedoch ein noch früheres Treffen hinzu, das stattfand, als Bruce nach seiner weltweiten Ausbildung gerade nach **Gotham** zurückgekehrt war, Selina noch im Rotlichtviertel arbeitete und sie beide noch kein Kostüm trugen.

BATMAN #1 (1940) von Bob Kane und Bill Finger

BATMAN #1 (1940)
Cover von Bob Kane

RETTUNG IN LETZTER SEKUNDE

In Heft 2 der ursprünglichen BATMAN-Heftserie kehrte **Catwoman** zurück und traf nicht nur abermals auf **Batman** und **Robin**, sondern auch auf den **Joker**. In Heft 3 küsste sie den perplexen Batman dann erstmals, um dessen Überraschung darüber zur Flucht zu nutzen. Zwischenzeitlich trug Catwoman

BATMAN #62 (1950) von Bill Finger, Bob Kane und Charles Paris

ein Katzenkopf-Kostüm, das eher in einen Freizeitpark gepasst hätte und bald durch eine elegantere Maskerade ersetzt wurde. Im Dezember 1950 hatten es Bats und der Wunderknabe in einer Story von **Finger** und **Kane** einmal mehr mit der hübschen Diebin zu tun. Der Verbrecherboss **Mr. X** befreit sie zu Beginn des Heftes mit Dynamit aus dem Gefängnis, da er **Selina** als Partnerin für seine nächsten verbrecherischen Schandtaten

BATMAN #62 (1950)
Cover von Win Mortimer

will. Als Batman und Robin die kostümierte Diebin stellen, liefern sich der **Dunkle Ritter** und Catwoman eine Verfolgungsjagd zu Fuß. Plötzlich stürzt eine baufällige alte Hauswand ein – und Catwoman rennt zurück, um Batman zu retten, der sonst unter den herabfallenden Steinen begraben worden wäre! Stattdessen wird Catwoman von einigen Steinen getroffen. Das **Dynamische Duo** bringt die ohnmächtige Schurkin in die **Bat-Höhle**, wo sich herausstellt, dass sie ihr Gedächtnis verloren hat. Als Selina von ihrer kriminellen Karriere erfährt, ist sie entsetzt. Mehr noch, sie geht für die Polizei und Batman sogar auf eine Undercover-Mission, um die Bande von Mr. X hochzunehmen. Bats und Robin tun so, als wären sie von Catwoman gefangen worden, und lassen sich von ihr zu Mr. X bringen. Doch Selinas Tarnung fliegt früher als gedacht auf, und die Gangster wollen sie, an einen Traktor gebunden, über die Klippe schicken. Batman rettet sie im letzten Moment, die Bösen werden geschnappt, Selina legt angeblich ein für allemal ihr Kostüm ab und schickt ihr Alter Ego in den Ruhestand. Vorübergehend, wie wir heute wissen…

DIE WUT DER KATZE

Batman-Schöpfer **Bob Kane** zeichnete auch die Geschichte in US-DETECTIVE COMICS 203 aus dem Jahre 1954, auf die sich **Tom King** in seiner modernen Story als nächstes bezogen hat. Als Autor des klassischen Comics fungierte **Edmond Hamilton**. Der Amerikaner startete seine Karriere in den 1920ern, als er zwischen **H. P. Lovecraft** und **Robert E. Howard** Science-Fiction-Prosageschichten in den legendären Pulp-Magazinen veröffentlichte.

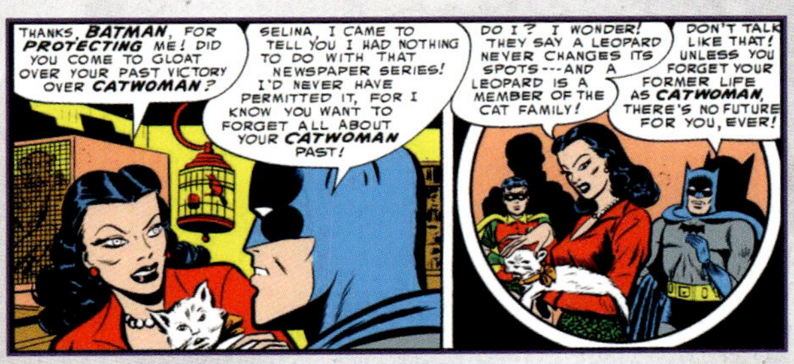

DETECTIVE COMICS #203 (1954) von Edmond Hamilton, Bob Kane und Charles Paris

Später half der SF-Pionier dabei, das Genre der Space Opera aus der Taufe zu heben, und erfand mit Redakteur **Mort Weisinger**, der ebenfalls Comics schrieb und DC-Ikonen wie **Aquaman** und **Green Arrow** ersann, den multimedial erfolgreichen Weltraumhelden **Captain Future**. Zudem war er mit der erfolgreichen Drehbuch-Autorin **Leigh Brackett** verheiratet (*Tote schlafen fest*, *Rio Bravo*, *Star Wars: Das Imperium schlägt zurück*). In Kanes und Hamiltons 'TEC-Abenteuer erzürnt ein Zeitungsartikel darüber, wie Batman **Catwoman** besiegte, **Selina** so sehr, dass sie als kriminelle Katzenfrau zurückkehrt – und das, obwohl ihr der **Dunkle Ritter** erklärt, nichts mit dem Artikel zu tun zu haben! Aber Selinas Ego ist wie ein geweckter, gereizter Löwe, und so verübt sie als kostümierte Schurkin mit einer neuen Bande abermals Verbrechen, die alle mit ihrer Obsession für Katzen zu tun haben, die sich früher in vielen Wortspielen mit dem englischen Wort *Cat* widerspiegelte. Die Katze lässt das Mausen eben doch nicht, schon gar nicht in den Batman-Comics…

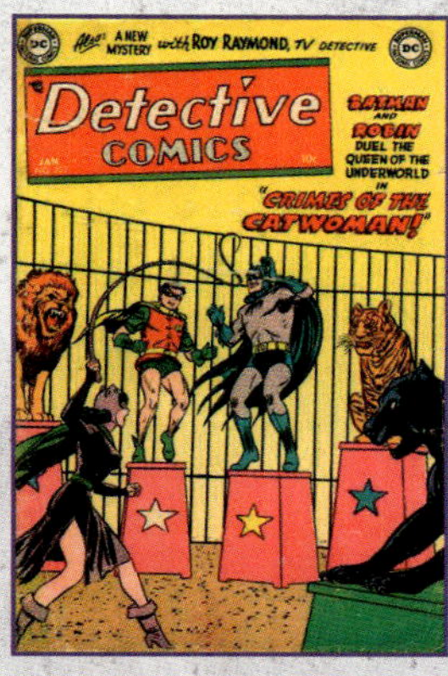

DETECTIVE COMICS #203 (1954)
Cover von Win Mortimer

HEIRAT ODER SCHANDTAT!

Ende 1967 kredenzten Autor **Gardner Fox**, der Mitschöpfer von **Flash** und **Hawkman**, sowie Zeichner **Frank Springer** der Leserschaft das US-Heft BATMAN 197. Eine scheinbar geläuterte **Catwoman**, die wieder einmal einen neuen Look hat und Grün trägt, lehrt Schurken mit ihrer Peitsche das Fürchten. Durch ihre Taten als Heldin will **Selina** in erster Linie **Batman** imponieren und **Batgirl** ausstechen, in der sie eine Nebenbuhlerin um die Liebe des **Dunklen Ritters** sieht. Bei einem Zusammentreffen stellt Selina keck fest, dass Batman die Berührung einer Frau fehle. Die heldenhafte Catwoman wird in **Gotham** immer populärer und veröffentlicht sogar ein Buch. Batman kommt endlich zu der Erkenntnis, dass sie in ihn verliebt sein muss – was **Robin** mit dem Kommentar quittiert, dass das jeder außer Batman längst wüsste. Am Ende stellt sich heraus, dass Catwoman ihre Heldentaten nur vorspielt und die Gauner ihre eigenen Schergen sind, gegen die sie vorgeht, um Batmans Vertrauen zu gewinnen.

BATMAN #197 (1967) von Gardner Fox, Frank Springer und Sid Greene

Bei einem weiteren Tanz mit einer Gruppe Ganoven schlägt Catwoman den Dunklen Ritter nieder, damit sie ihn, Robin und Batgirl demaskieren kann. Doch die ohnmächtigen Helden haben sich vor ihrer Mission Masken auf die Gesichter gemalt, weil der an alles denkende Batman davon ausgegangen ist, dass eine verliebte Frau das Gesicht ihres Schwarms sehen will – also bleiben sie auch ohne Masken unerkannt. Als sie wieder zu sich kommen, stellt Selina den in einer Katzenkralle aus Schall gefangenen Helden vor die Wahl: Entweder er heiratet sie, oder sie kehrt wieder zu ihrem kriminellen Leben zurück! Letztlich entkommen die Helden, da Batgirl Bruce per Hypnose beim Überwinden der Klangfalle hilft. Batgirl stellt zudem klar, keinerlei romantische Interessen an Batman zu hegen. Für die verknallte Kitty geht es ins Kittchen.

BATMAN #197 (1967)
Cover von Carmine Infantino

SO EIN ZIRKUS…

Die US-Ausgabe BATMAN 256 von 1974 beginnt damit, dass **Batman** von **Alfred** ein Telegramm überreicht bekommt, in dem **Robin** alias **Dick Grayson** seinen Mentor wissen lässt, dass er eine Zeit lang beim Zirkus **Tip-Top** bleiben will. Batman ahnt Übles und fährt seinem Protegé hinterher, der tatsächlich einen Mord in der Manege untersucht. Die Ermittlungen gehen für **Gothams** Helden beinahe nicht gut aus, denn Robin findet sich bewusstlos im Raubtierkäfig wieder, umzingelt von weißen Tigern. Zum Glück ist die blonde Dompteurin **Nelias** zur Stelle. Meisterdetektiv Batman erkennt natürlich sofort, dass Nelias ein Anagramm für **Selina** ist, und so nimmt die Raubkatzenflüsterin ihre Gesichtsmaske und ihre blonde Perücke ab und gibt sich als **Catwoman** zu erkennen. Selina ist nur deshalb beim Zirkus, weil sie die Tiger befreien will, und sie rettete Robin auch bloß, damit die Katzen nicht erschossen werden, sollten sie einen Menschen fressen. Ihre Pläne scheinen aufgrund von Batmans und Robins Anwesenheit gescheitert, sodass die menschliche Mieze zumindest eine der Großkatzen befreit und auf ihrem Rücken davonreitet – in den 60ern und 70ern war in Comics einfach alles möglich, keine Idee zu abgefahren. Batman schnappt sich aus einer nahen Koppel ein Pferd

BATMAN #256 (1974) von Dennis O'Neil, Irv Novick und Dick Giordano

und nimmt die Verfolgung auf. Er holt Selina ein, die beiden ringen kurz im Zelt miteinander, und letztlich muss Catwoman aufgeben, jedoch nicht, ohne klarzustellen, dass sie vielleicht von einem Mann besiegt, aber nicht erniedrigt wurde. Zum Schluss löst Batman noch Robins Mordfall, der sich als Eifersuchtsdrama zweier Brüder herausstellt, die beide in Selina verliebt waren. Deshalb sinniert Bruce später in der **Bat-Höhle** darüber, dass es Catwomans Fluch zu sein scheint, immer Unheil zu stiften, selbst dann, wenn sie das gar nicht im Sinn hat. Das Artistenteam hinter der Story bestand aus Autor **Denny O'Neil**, Zeichner **Irv Novick**, Tuscher **Dick Giordano** und Redakteur **Julie Schwartz** – allesamt echte Veteranen des Superheldencomic-Zirkus.

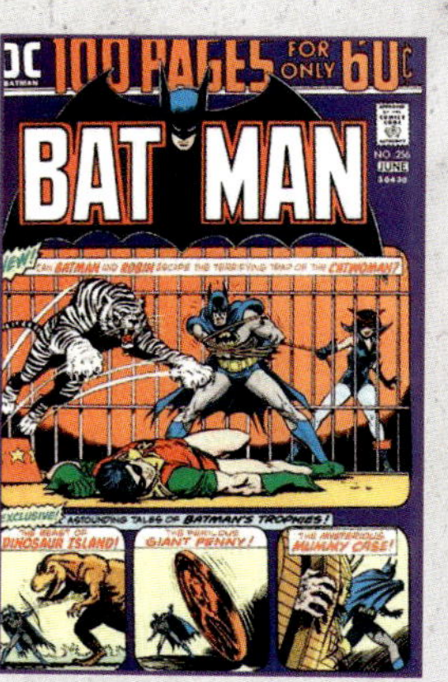

BATMAN #256 (1974)
Cover von Nick Cardy

EIFERSUCHT MIT KATZENKRALLEN

Ende der 70er, Anfang der 80er sah das DC-Universum eine **Catwoman**, die diesmal wirklich geläutert war und ohne Hintergedanken mit **Batman** und **Robin** zusammenarbeitete – und ihre Gefühle für den **Dunklen Ritter** verbarg. Als **Selina** für eine Weile **Gotham** verließ, bandelte **Bruce** mit der Journalistin **Vicki Vale** an. Nach ihrer Rückkehr sprühte Selina vor Eifersucht und bedrohte Vicki. Diese traf sich dennoch weiterhin mit Bruce. Im US-Heft BATMAN 355 aus dem Jahr 1983 eskalierte die Situation. Selina rammt mit ihrem

BATMAN #355 (1983) von Gerry Conway, Don Newton und Alfredo Alcala

Cat-Mobil Bruce und Vicki von der Straße, woraufhin deren Auto im Fluss versinkt. Als sie realisiert, was sie getan hat, springt Catwoman in Sorge um ihren Geliebten ins Wasser. Für Bruce sieht es allerdings so aus, als wolle sie sichergehen, ihre Rivalin ausgeschaltet zu haben, und er wundert sich, wie er Catwoman jemals lieben konnte. Später will er Selina als Batman stellen, begegnet aber nur ihrem Panther **Diablo**. Er verfolgt Cats Spur bis zu einem Lagerhaus, wo Catwoman seit zwei Tagen wartet und Bruce gleichermaßen begehrt und hasst. Sie wirft dem Dunklen Ritter vor, wegen ihm alles verloren zu haben, und will ihn umbringen. Schließlich schreckt sie vor ihrem eigenen Hass zurück und bricht den harten Kampf ab. Batman sagt, dass sie beide einander wehgetan hätten: sie ihm, als sie Gotham verließ, und er ihr, als er etwas mit Vicki anfing. Das Leben, so Batman, treibe Menschen manchmal in verschiedene Richtungen. Das sei nicht fair, aber so lägen die Dinge nun einmal. Niemand von ihnen wollte dem anderen so wehtun, und es täte ihm leid. Am Ende liegen sie sich in den Armen.

BATMAN #355 (1983) Cover von Ed Hannigan und Dick Giordano

Tom King wählte dieses Heft sicherlich aus, um die ewigen Ups und Downs ihrer langen Beziehung zu zeigen, sowie deren Intensität. Die Story von Autor **Gerry Conway**, Zeichner **Don Newton**, Inker **Alfredo Alcala** und dem damals neuen Batman-Redakteur **Len Wein** legte übrigens nahe, dass Selina Batmans wahre Identität kannte, was davor nur angedeutet worden war. Später wurde diese Interpretation auf den Leserbriefseiten als Fehler deklariert, um Bruces Geheimnis zu wahren, wobei man klarstellte, dass Catwoman Batmans Identität nie kannte und vielleicht niemals erfahren würde. Keine treffsichere Prophezeiung…

ZWEI EINZELGÄNGER

In US-DETECTIVE COMICS 565 läuteten der einflussreiche Batman-Autor **Doug Moench**, der später u. a. an den berühmten Bat-Crossovern **Knightfall** und **Niemandsland** mitwirkte, und Zeichner-Legende **Gene Colan** 1986 eine schwere Zeit für **Batman** und **Catwoman** ein. Der Held und die Antiheldin, die **Gotham City** zu einem sichereren Ort machen wollten und miteinander liiert waren, lebten sich in den Geschichten jener Phase mehr und mehr auseinander. Als sie unabhängig vom jeweils anderen im Fall der brutalen Ermordung

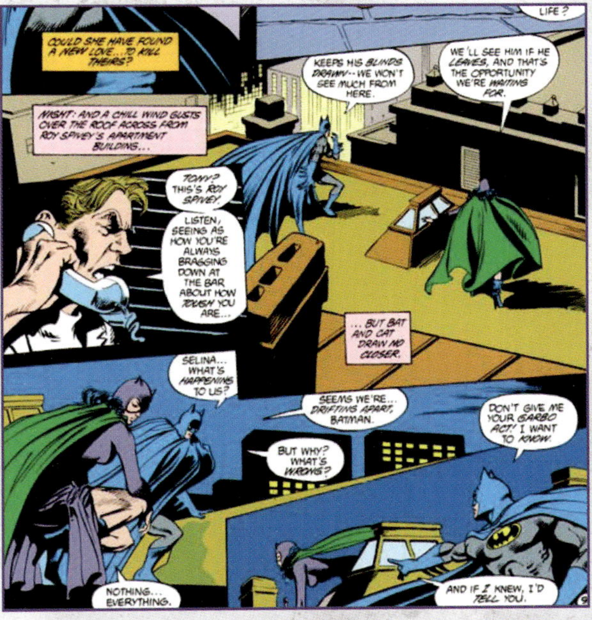

DETECTIVE COMICS #565 (1986) von Doug Moench, Gene Colan und Bob Smith

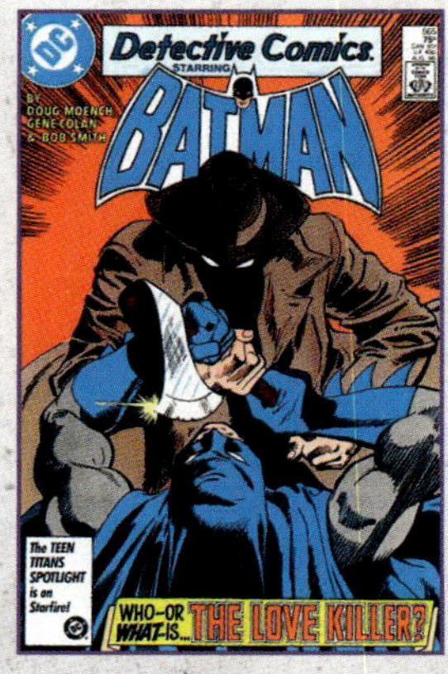

DETECTIVE COMICS #565 (1986) Cover von Gene Colan und Dick Giordano

einer Frau ermitteln, kreuzen sich ihre Wege. **Selina** lässt den nachdenklichen **Bruce** bei jeder Gelegenheit spüren, dass die Dinge zwischen ihnen nicht zum Besten stehen, und als er in die einsame **Bat-Höhle** zurückkehrt, fühlt sich seine Operationsbasis unter **Wayne Manor** kälter an als sonst. Er überlegt sogar, ob Selina eine neue Liebe gefunden haben könnte (später wird enthüllt, dass sie sich um eine neue Raubkatze kümmern muss). Während die beiden von einem Hausdach aus ihren Verdächtigen observieren, fragt der Fledermausritter seine Herzensdame, was mit ihnen beiden passiert. Catwoman antwortet, dass sie auseinandertreiben – Batmans Folgefrage, was mit ihnen denn nicht in Ordnung sei, beantwortet Selina mit den kryptischen Worten: Nichts. Alles. Batman wirft ihr vor, wie die Schauspielerin **Greta Garbo** auf geheimnisvoll zu machen, doch Selina stellt klar, dass sie es wirklich nicht wisse. Sie spekuliert, dass das Verlieben für sie vielleicht einfacher und besser war als das Verliebtsein an sich, und die Dinge eben abkühlen. Oder dass sie beide im Grunde ihres Herzens womöglich einfach Einzelgänger seien. Womit klar sein sollte, wieso Hochzeitsplaner und -Crasher **Tom King** diese Episode für eine Referenz in seiner Zeitreisegeschichte als einen der wichtigen Momente zwischen Bat und Cat auswählte.

EIN GUTES TEAM

Zwischen 2002 und 2003 inszenierten **Jeph Loeb** und **Jim Lee** in den Ausgaben 608 bis 619 der BATMAN-Heftserie ihre viel beachtete Storyline BATMAN: HUSH, die bis heute ein Sammelbandbestseller ist. Loeb hatte sich ab den 90ern mit Ausnahmewerken wie BATMAN: DAS LANGE HALLOWEEN und CATWOMAN: DAMALS IN ROM, die allesamt **Tim Sale** illustrierte, in die Herzen der Bat-Fans geschrieben. Lee steht wiederum stellvertretend für die zeichnerische

BATMAN #616 (2003) von Jeph Loeb, Jim Lee, Scott Williams und Alex Sinclair

und inhaltliche Entwicklung amerikanischer Heldencomics in den 90ern und beeinflusste mit seinem Zeichenstil den Geschmack einer ganzen Generation Leser sowie mehrere Generationen Künstler. In ihrer actiongeladenen Blockbuster-Story musste es der **Dunkle Ritter** nach dem Jahrtausendwechsel mit **Killer Croc**, einem von **Poison Ivy** kontrollierten **Superman**, **Harley Quinn**, dem **Joker** und vor allem dem neuen Bösewicht **Hush** aufnehmen. Unterstützung erhielt unser Held überraschenderweise von **Catwoman**. Diese war ab 2001 von dem viel zu früh verstorbenen Autor und Zeichner **Darwyn Cooke**, Autor und Krimi-Spezialist **Ed Brubaker** und anderen als Antiheldin mit einem coolen Kostüm in einer ihr gewidmeten Graphic Novel und einer frischen Soloserie neu definiert worden. In BATMAN: HUSH steht die eigensinnige, emanzipierte **Selina Kyle** dem **Mitternachtsdetektiv** treu und tapfer zur Seite, der seinen romantischen Gefühlen für sie endlich nachgibt und ihr so weit vertraut, dass er der guten Cat erstmals seine wahre Identität offenbart. Als Team nehmen es die beiden sogar mit dem fremdgesteuerten **Mann aus Stahl** auf.

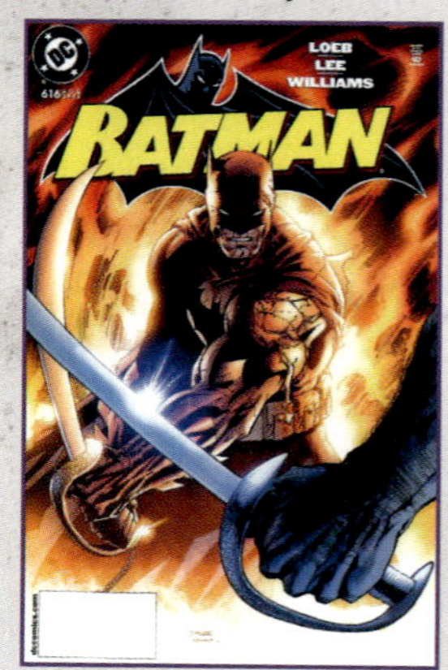

BATMAN #616 (2003) Cover von Jim Lee

Das war unser Exkurs durch die Beziehung von **Batman** und **Catwoman** und zu allen Referenzpunkten, die **Tom King** kurz vor der Hochzeitsauflösung für seine Reise in die Vergangenheit ausgewählt hat. Natürlich gibt es noch viele andere Storys, Momente und Szenen, die Bat und Cat als Paar mit einer komplizierten Beziehung definieren. Das ist so logisch wie die Erwartung, dass in der Zukunft bestimmt weitere Geschichten und Augenblicke hinzukommen, die ihr Verhältnis auf die eine oder andere Art weiter formen, obwohl der **Dunkle Ritter** nach der geplatzten Hochzeit in der BATMAN-Heftserie erst einmal anderes um die Ohren hat und **Selina** in einer neuen CATWOMAN-Serie von Autorin und Zeichnerin **Joëlle Jones** fern von **Gotham** ebenfalls reichlich Ablenkung findet. Aber wahre Liebe lässt sich nicht aufhalten, heißt es doch immer so schön…

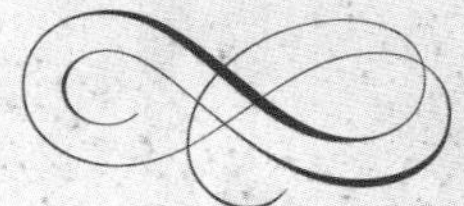

Cover-Entwürfe für US-BATMAN #50 und
New York Times-Feature von **Mikel Janín**

Das Kleid

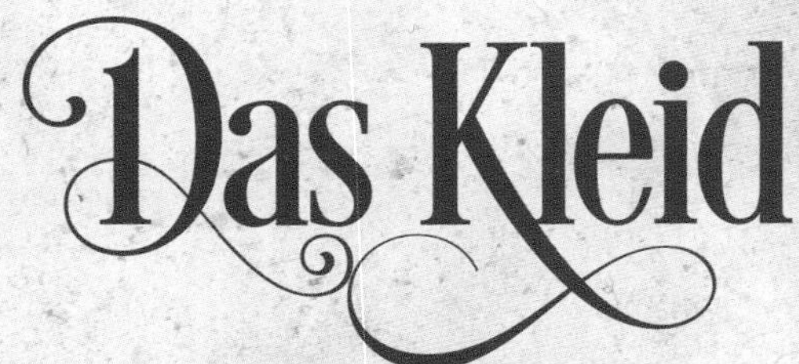

Design von Joëlle Jones

Endgültiger Entwurf des Kleides

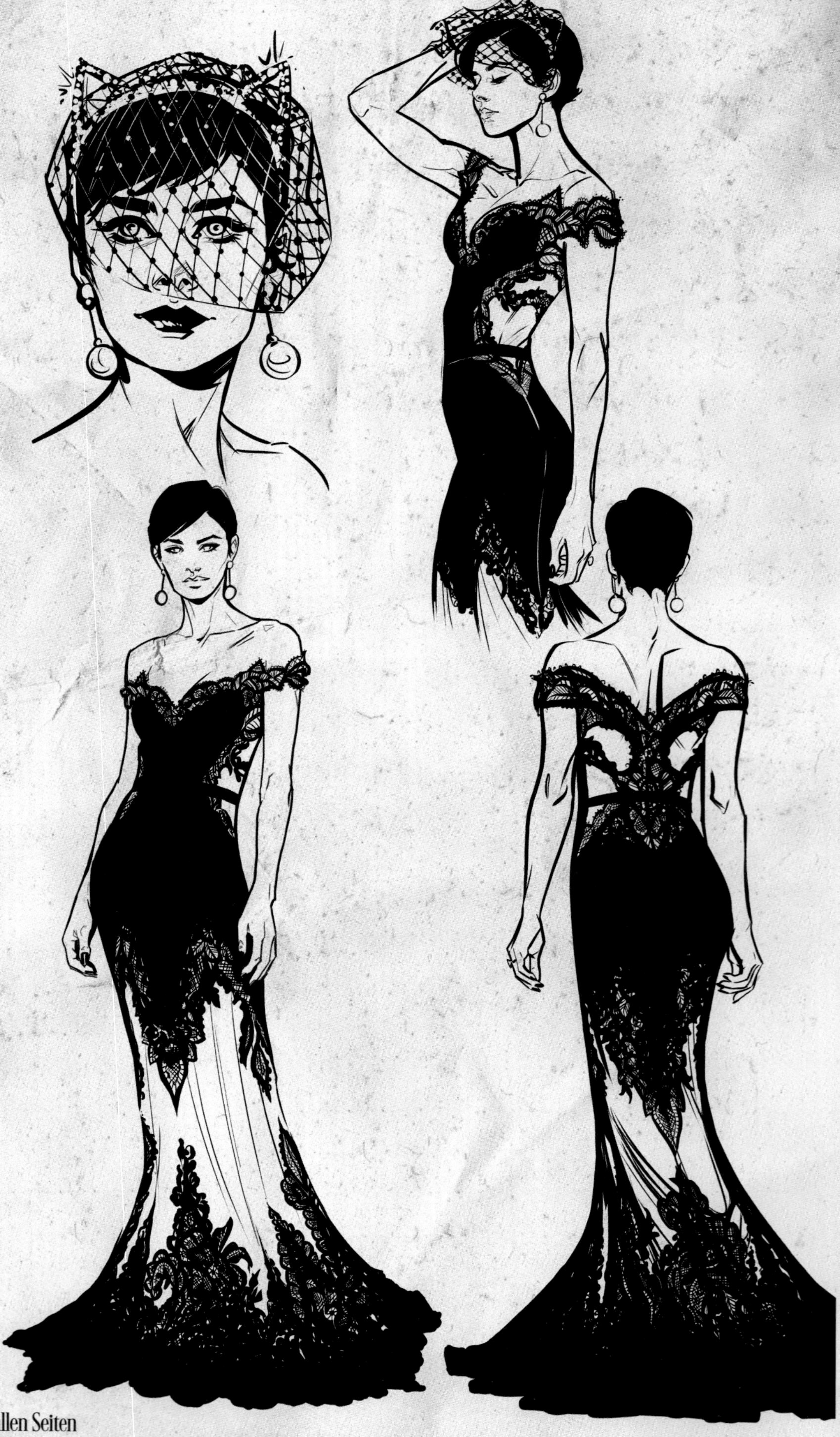

Ansicht von allen Seiten

Catwoman Dress designs

dress #1
sheer black lace
belt around waist
fancy black lace
opaque

dress #2
sheer fabric w/ lace
sequin black
opaque
sheer

Dress #3
white & black lace
belt
mermaid skirt

dress #4
black under opaque
white lace overlay

Frühe ungenutzte Skizzen